Impressum
Verlag: BABADADA GmbH, Nedderfeld 112 , 22529 Hamburg
Geschäftsführer / Verlagsleitung: Harald Hof
Druck: Books on Demand GmbH, In de Tarpen 42, 22848 Norderstedt

Imprint
Publisher: BABADADA GmbH, Nedderfeld 112 , 22529 Hamburg, Germany
Managing Director / Publishing direction: Harald Hof
Print: Books on Demand GmbH, In de Tarpen 42, 22848 Norderstedt

σχολείο

سکول

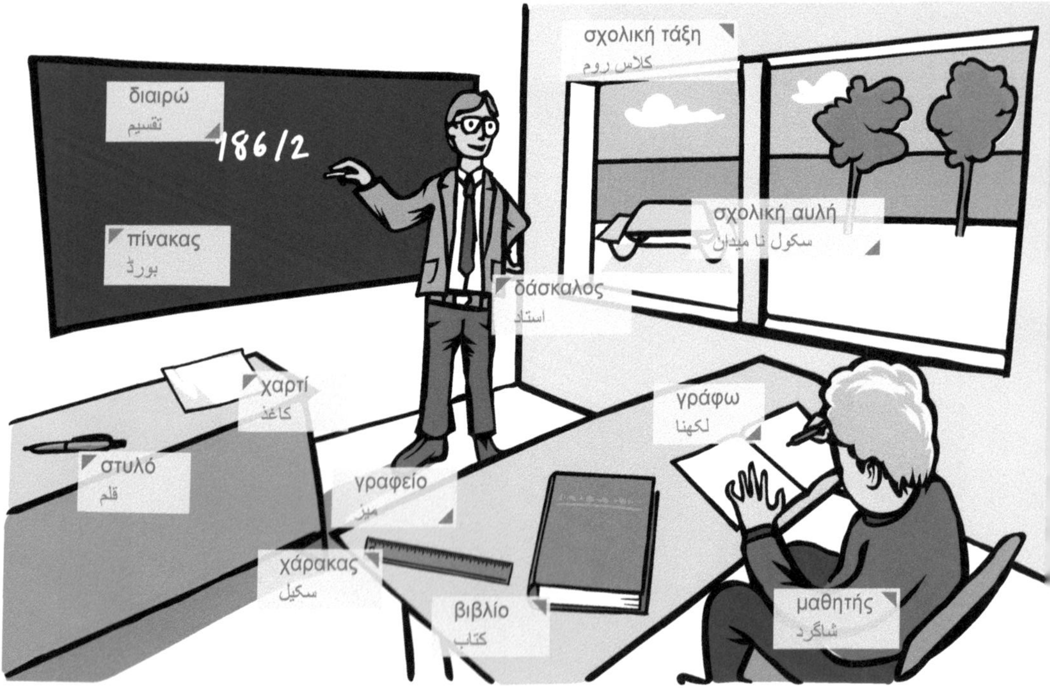

σχολική τάξη
کلاس روم
διαιρώ
تقسیم
186/2
πίνακας
بورڈ
σχολική αυλή
سکول نا میدان
δάσκαλος
استاد
χαρτί
کاغذ
γράφω
لکھنا
στυλό
قلم
γραφείο
میز
χάρακας
سکیل
βιβλίο
کتاب
μαθητής
شاگرد

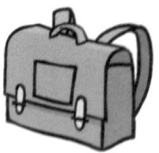

σχολική τσάντα

جزدان

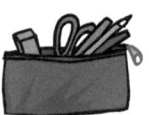

κασετίνα/ μολυβοθήκη

پینسل دا ڈبہ

μολύβι

پینسل

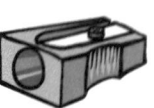

ξύστρα

پینسل شارپنر

γόμα

ربر

μπλοκ ζωγραφικής

ڈرائنگ پیڈ

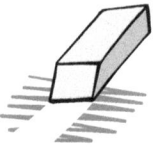

ζωγραφική

ڈرائنگ

πινέλο

پینٹ برش

κουτί χρωμάτων

پینٹ باکس

ψαλίδι

قینچی

κόλλα

گلو

τετράδιο ασκήσεων

مشقی کتاب

εργασία για το σπίτι

گھر دا کم

αριθμός

عدد

προσθέτω

جمع

αφαιρώ

تفریق

πολλαπλασιάζω

ضرب

υπολογίζω

کیلکولیٹ

γράμμα

خطره

αλφάβητο

حروف تہجی

λέξη

لفظ

σχολείο - سکول

3

κείμενο

متن

διαβάζω

پڑھنا

κιμωλία

چاک

μάθημα

سبق

εγγράφομαι

رجسٹر

τεστ

امتحان

πιστοποιητικό

سند

μαθητική στολή

سکول کی وردی

εκπαίδευση

تعلیم

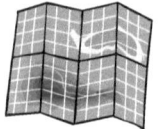

εγκυκλοπαίδεια

انسائیکلوپیڈیا

πανεπιστήμιο

یونیورسٹی

μικροσκόπιο

مائیکرو سکوپ

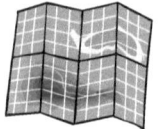

χάρτης

نقشہ

καλάθι αχρήστων

کچرے نا ڈبہ

ξενοδοχείο
بوٹل

Grand

ξενώνας
ہاسٹل

ROOMS

ανταλλακτήρια συναλλάγματος
ایکسچینج دفتر

EXCHANGE

βαλίτσα
سوٹ کیس

αυτοκίνητο
کار

γλώσσα
بولی

ναι / όχι
ہاں / نہیں

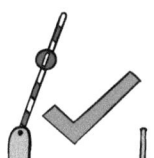

εντάξει
ٹھیک ہے

γεια σου
اسلام و علیکم

μεταφραστής
ترجمان

Ευχαριστώ
شکریہ

πόσο κάνει ;

ایہہ کنّے نے ؟

Δε καταλαβαίνω

می سمجھ نہیں رہی

πρόβλημα

مسئلہ

Καλησπέρα!

اسلام و علیکم

Καλημέρα!

اسلام و علیکم

Καληνύχτα!

اللہ حافظ

Αντίο

اللہ نے حوالے

κατεύθυνση

سمت

αποσκευές

سامان

τσάντα

بیگ

σακίδιο πλάτης

بیک پیک

καλεσμένος

مہمان

δωμάτιο

کمرہ

υπνόσακος

سلیپنگ بیگ

σκηνή

خیمہ

τουριστικές πληροφορίες

سیاح لئی معلومات

παραλία

ساحل سمندر

πιστωτική κάρτα

کریڈٹ کارڈ

πρωινό

ناشتہ

μεσημεριανό

دوپہر نا کھانا

δείπνο

رات نا کھانا

εισιτήριο

ٹکٹ

ανελκυστήρας

لفٹ

γραμματόσημο

مہر

σύνορα

بارڈر

τελωνείο

کسٹمز

πρεσβεία

ایمبیسی

βίζα

ویزا

διαβατήριο

پاسپورٹ

μεταφορά

ٹرانسپورٹ

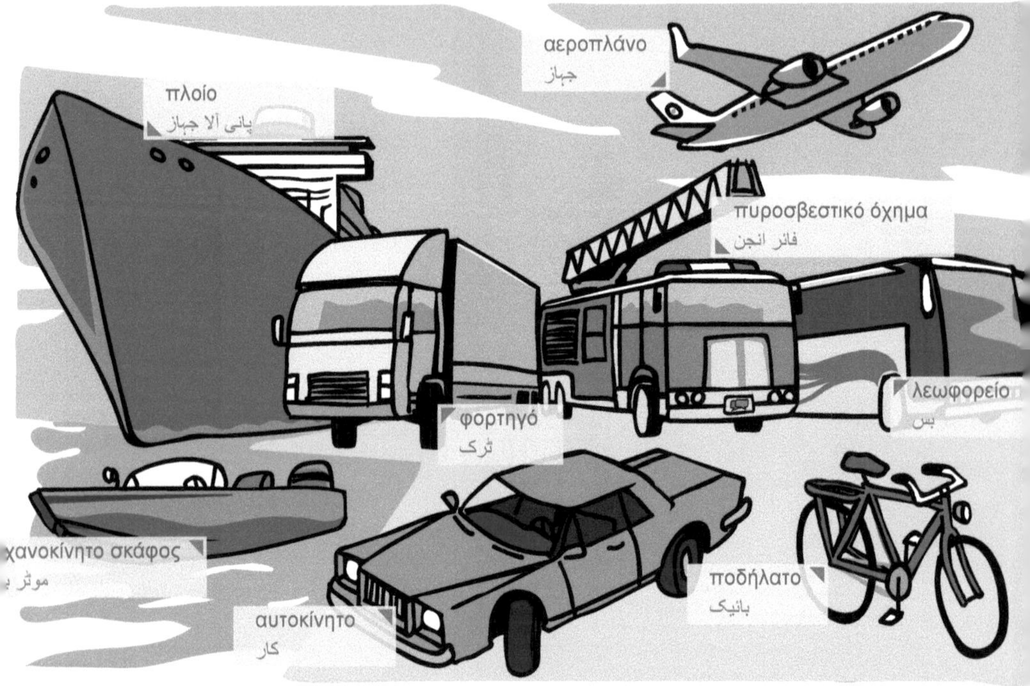

αεροπλάνο
جہاز
πλοίο
پانی آلا جہاز
πυροσβεστικό όχημα
فائر انجن
λεωφορείο
بس
φορτηγό
ٹرک
χανοκίνητο σκάφος
موٹر ب
ποδήλατο
بائیک
αυτοκίνητο
کار

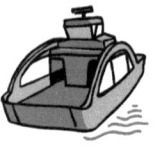

φεριμπότ

فیری

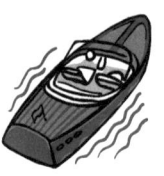

βάρκα

کشتی

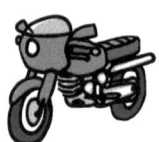

μοτοσικλέτα

موٹر بائیک

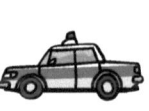

περιπολικό

پولیس کار

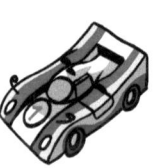

αγωνιστικό αυτοκίνητο

ریسنگ کار

ενοικιαζόμενο αυτοκίνητο

کرایہ نی گڈی

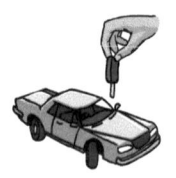

αμοιρασμός αυτοκινήτων

کار شینرنگ

γερανός

بریک ڈاؤن ترک

απορριμματοφόρο

ریفیوز ترک

κινητήρας

موٹر

καύσιμο

فیول

πινακίδα σήμανσης

ٹریفک سائن

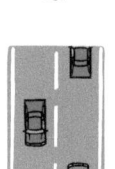

κυκλοφορία

ٹریفک

βενζινάδικο

پٹرول سٹیشن

κυκλοφοριακή συμφόρηση

ٹریفک جام

χώρος στάθμευσης

کار پارک

σιδηροδρομικός σταθμός

ریل سٹیشن

σιδηροδρομικές γραμμές

ٹریکس

τρένο

ریل

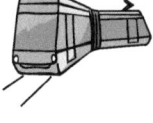

τραμ

ٹرام

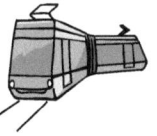

βαγόνι

کیرج

ελικόπτερο

بیلی کاپٹر

αεροδρόμιο

ائر پورٹ

πύργος

مینار

επιβάτης

مسافر

εμπορευματοκιβώτιο

کنٹینر

χαρτοκιβώτιο

کاٹن

καρότσι

چهکڑا

καλάθι

بالٹی

απογειώνομαι /
προσγειόνομαι

اڑنا / لبنا

πόλη

شہر

χωριό

پنڈ

κέντρο της πόλης

سٹی سینٹر

σπίτι

کھار

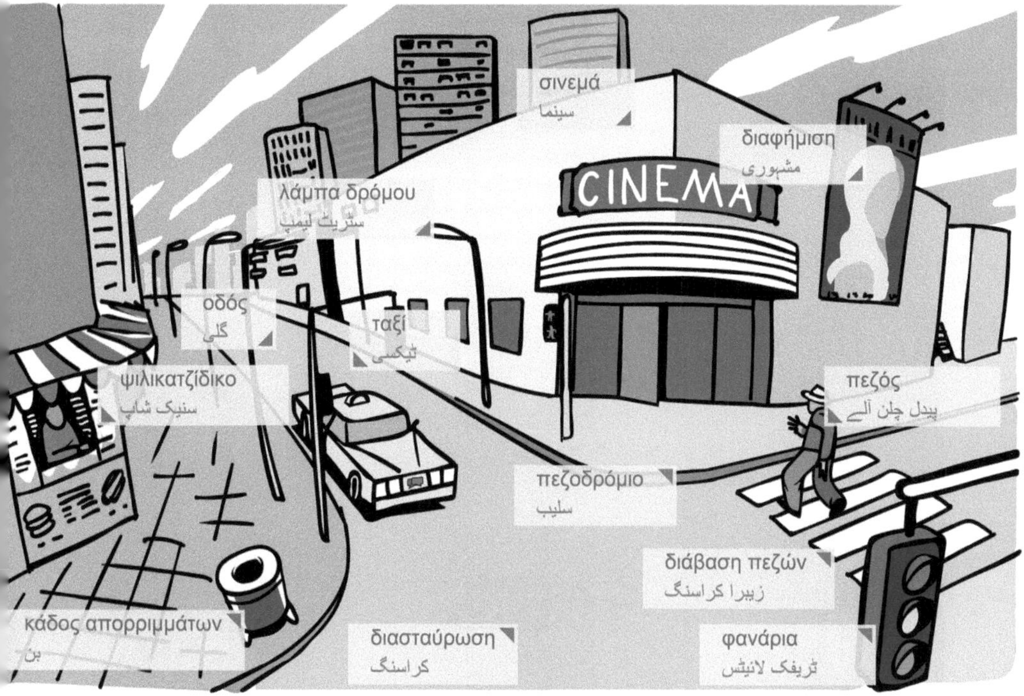

σινεμά
سینما

διαφήμιση
مشہوری

λάμπα δρόμου
سٹریٹ لیمپ

οδός
گلی

ταξί
ٹیکسی

ψιλικατζίδικο
سنیک شاپ

πεζός
پیدل چلن آلے

πεζοδρόμιο
سلیب

διάβαση πεζών
زیبرا کراسنگ

κάδος απορριμμάτων
بن

διασταύρωση
کراسنگ

φανάρια
ٹریفک لائٹس

καλύβα
بٹ

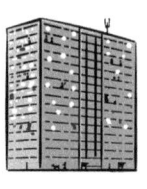

διαμέρισμα
فلیٹ

σιδηροδρομικός σταθμός
ریل سٹیشن

δημαρχείο
ٹاؤن بال

μουσείο
میوزنیم

σχολείο
سکول

πανεπιστήμιο

یونیورسٹی

τράπεζα

بنک

νοσοκομείο

ہسپتال

ξενοδοχείο

ہوٹل

φαρμακείο

فارمیسی

γραφείο

دفتر

βιβλιοπωλείο

کتب خانہ

κατάστημα

بٹی

ανθοπωλείο

پھلاں الے

σούπερ μάρκετ

سپر مارکیٹ

αγορά

بازار

πολυκατάστημα

ڈیپارٹمنٹ سٹور

ιχθυοπωλείο

مچھیرے

εμπορικό κέντρο

شاپنگ سینٹر

λιμάνι

بندرگاہ

πάρκο

پارک

παγκάκι

بنچ

γέφυρα

پل

σκάλες

سیڑھیاں

μετρό

انڈر گراؤنڈ

τούνελ

ٹنل

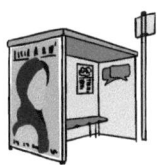

στάση λεωφορείου

بس سٹاپ

μπαρ

بار

εστιατόριο

ریسٹورنٹ

γραμματοκιβώτιο

پوسٹ بکس

πινακίδα δρόμου

سٹریٹ سائن

παρκόμετρο

پارکنگ میٹر

ζωολογικός κήπος

چڑیا کھار

πισίνα

سونمنگ پول

τζαμί

مسجد

αγρόκτημα

فارم

ρύπανση

آلودگی

νεκροταφείο

قبرستان

εκκλησία

چرچ

παιδική χαρά

پلے گراؤنڈ

ναός

مندر

τοπίο

منظر

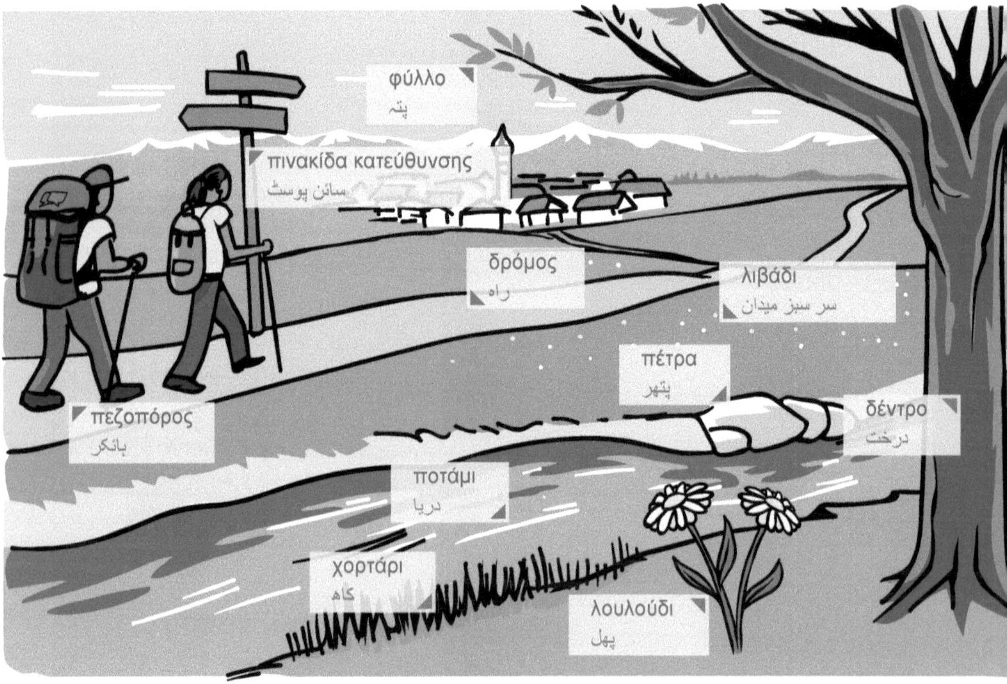

φύλλο
پتہ

πινακίδα κατεύθυνσης
سائن پوسٹ

δρόμος
راہ

λιβάδι
سر سبز میدان

πέτρα
پتھر

δέντρο
درخت

πεζοπόρος
پانکر

ποτάμι
دریا

χορτάρι
گاہ

λουλούδι
پھل

κοιλάδα

وادی

λόφος

پہاڑی

λίμνη

نہر

δάσος

جنگل

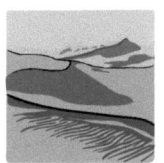

έρημος

صحرا

ηφαίστειο

آتش فشاں

κάστρο

قلعہ

ουράνιο τόξο

رین بو

μανιτάρι

کھمبی

φοίνικας

پام ٹری

κουνούπι

مچھر

μύγα

مکھی

μυρμήγκι

چیونٹا

μέλισσα

مکھی

αράχνη

مکڑی

σκαθάρι

بھونرا

βάτραχος

مینڈک

σκίουρος

گلہری

σκαντζόχοιρος

سیہہ

λαγός

ساہیا

κουκουβάγια

الو

πουλί

پرندہ

κύκνος

راج ہنس

αγριογούρουνο

نر سور

ελάφι

برن

άλκη

بارہ سنگا

φράγμα

ڈیم

ανεμογεννήτρια

ونڈ ٹربائن

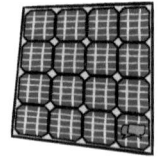

ηλιακός συλλέκτης

شمسی توانائی دا پینل

κλίμα

آب و ہوا

εστιατόριο
ریسٹورنٹ

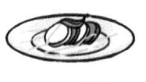

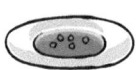

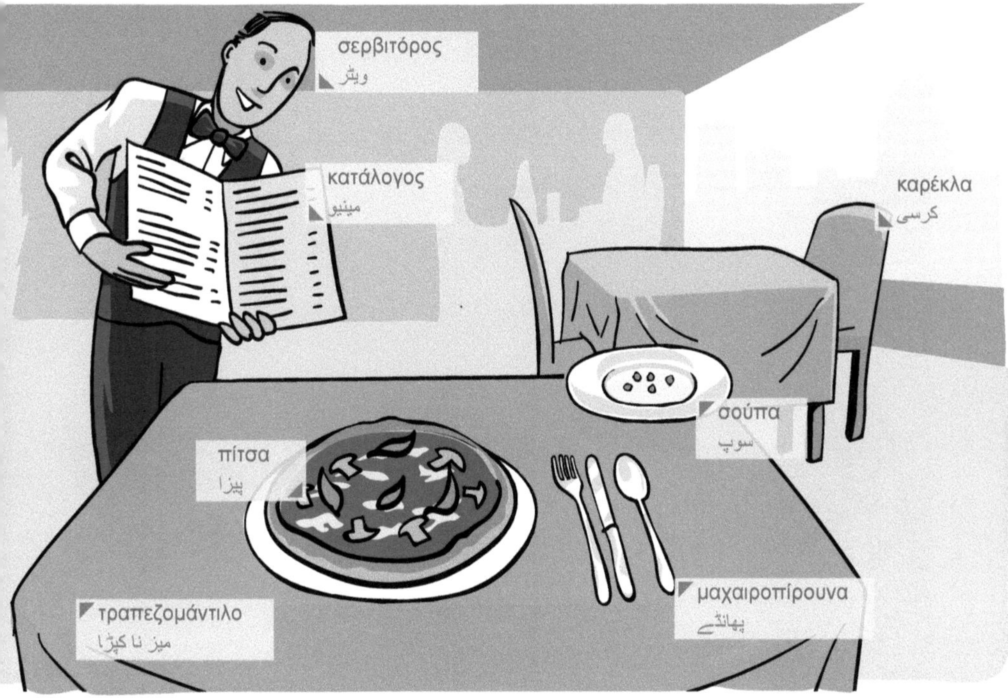
σερβιτόρος
ویٹر
κατάλογος
مینیو
καρέκλα
کرسی
σούπα
سوپ
πίτσα
پیزا
μαχαιροπίρουνα
پھانڈے
τραπεζομάντιλο
میز نا کپڑا

ορεκτικό
سٹارٹر

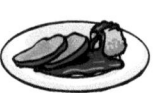

κύριο πιάτο
مین کورس

επιδόρπιο
ڈیزرٹ

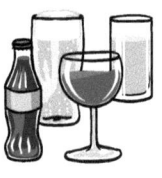

ποτά
مشروب

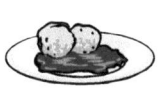

φαγητό
کھانا

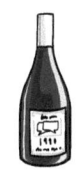

μπουκάλι
بوتل

φαστ φουντ

فاسٹ فوڈ

φαγητό στ' όρθιο

سٹریٹ فوڈ

τσαγιέρα

ٹی پاٹ

δοχείο ζάχαρης

شوگر بول

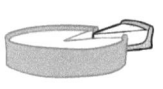

μερίδα

پورشن

μηχανή εσπρέσο

اسپریسو مشین

ψηλή καρέκλα

بانی چنیر

λογαριασμός

بل

δίσκος

ٹرے

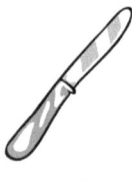

μαχαίρι

چھری

πιρούνι

کانٹا

κουτάλι

چمچ

κουταλάκι του τσαγιού

ٹی سپون

πετσέτα φαγητού

تولیہ

ποτήρι

گلاس

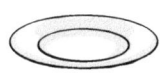

πιάτο

پلیٹ

πιάτο σούπας

سوپ پلیٹ

πιατάκι φλιτζανιού

سامر

σάλτσα

چٹنی

αλατιέρα

نمک دانی

μύλος για πιπέρι

پیپر مل

ξύδι

سرکہ

λάδι

تیل

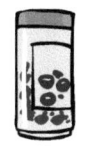

μπαχαρικά

مصالحہ

κέτσαπ

کیچپ

μουστάρδα

سرسپینوں

μαγιονέζα

مینیز

σούπερ μάρκετ

سپر مارکیٹ

προσφορά
سپیشل آفر
FOR
πελάτης
گاہک
γαλακτοκομικά προϊόντα
ڈیری
φρούτα
پھل
καρότσι για ψώνια
ٹرالی

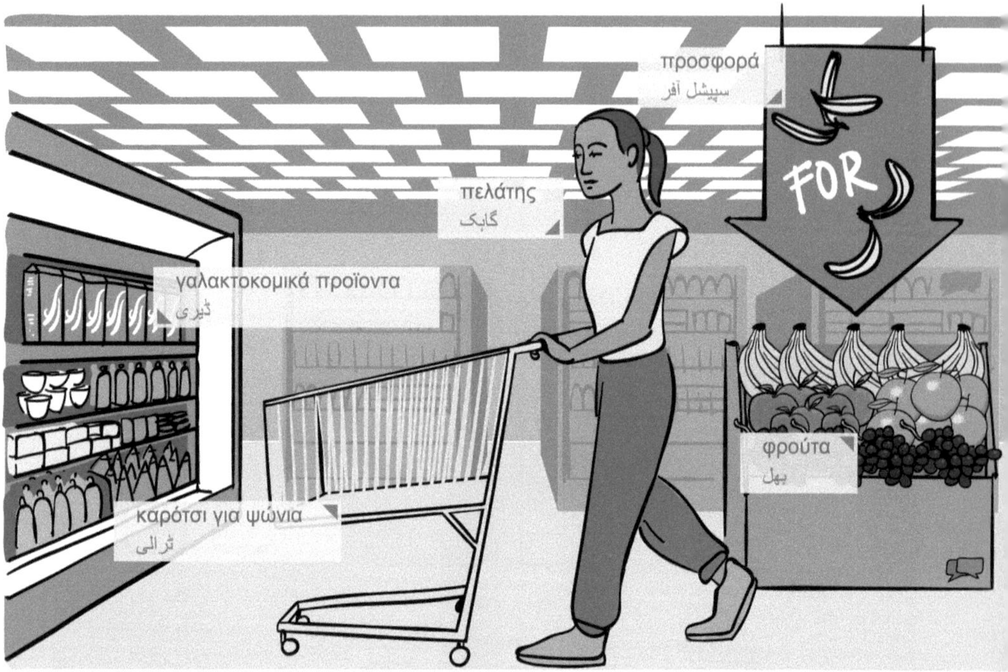

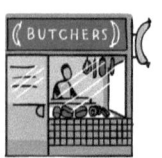

BUTCHERS

κρεοπωλείο

قصائی

BAKERY

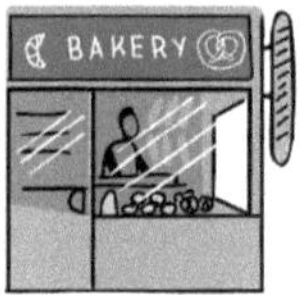

φούρνος

بیکرز

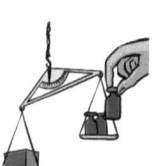

ζυγίζω

وزن

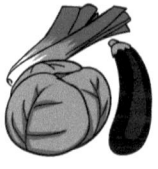

λαχανικά

سبزیاں

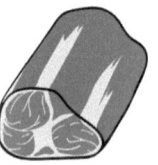

κρέας

گوشت

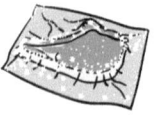

κατεψυγμένα τρόφιμα

فروزن فوڈ

αλλαντικά

کولڈ گوشت

κονσερβοποιημένη τροφή

ٹن فوڈ

απορρυπαντικό ρούχων

واشنگ پوڈر

γλυκά

مٹھائی

οικιακά είδη

گھار دیاں چیزاں

καθαριστικά προϊόντα

صفائی آلی چیزاں

πωλήτρια

سیل مین

ταμείο

ٹل

ταμίας

کیشنیر

λίστα για ψώνια

شاپنگ لسٹ

ωράριο λειτουργίας

کھلن دا ویلا

πορτοφόλι

پرس

πιστωτική κάρτα

کریڈٹ کارڈ

τσάντα

بیگ

πλαστική σακούλα

پلاسٹک بیگ

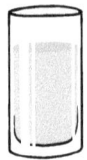

νερό

پانی

χυμός

جوس

γάλα

ندھ

κόκα κόλα

کوک

κρασί

شراب

μπίρα

شراب

αλκοόλ

شراب

κακάο

کوکا

τσάι

چا

καφές

کافی

εσπρέσο

أسپريسو

καπουτσίνο

کیپچینو

μπανάνα

کیلا

μήλο

سیب

πορτοκάλι

موسمبی

πεπόνι

تربوز

λεμόνι

نیمبو

καρότο

گاجر

σκόρδο

لہسن

μπαμπού

بانس

κρεμμύδι

پیاز

μανιτάρι

کھمبی

ξηροί καρποί

میوے

νούντλς

نوڈلز

μακαρόνια

سپیگیٹی

ρύζι

چاول

σαλάτα

سلاد

πατατάκια

چپس

τηγανητές πατάτες

تلے ہوئے آلو

πίτσα

پیزا

χάμπουργκερ

بیم برگر

σάντουιτς

سینڈوچ

κοτολέτα

تکے

ζαμπόν

بیم

σαλάμι

سلامی

λουκάνικο

ساسج

κοτόπουλο

مرغی

ψητό

بھنیا ہویا

ψάρι

مچھی

χυλός βρώμης

جو نا دلیہ

μούσλι

مولی

κορν φλέικς

کارن فلیکس

αλεύρι

آٹا

κρουασάν

کرائسنٹ

ψωμάκι

بریڈ رول

ψωμί

روٹی

τοστ

ٹوسٹ

μπισκότα

بسکٹ

βούτυρο

مکھن

τυρόπηγμα

دہی

κέικ

کیک

αυγό

انڈا

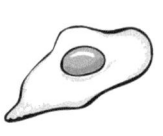

τηγανητό αυγό

تلیا انڈا

τυρί

پنیر

παγωτό

ا ئس کریم

ζάχαρη

چینی

μέλι

شہد

μαρμελάδα

جام

άλλειμμα σοκολάτας

چاکلیٹ سپریڈ

κάρυ

سالن

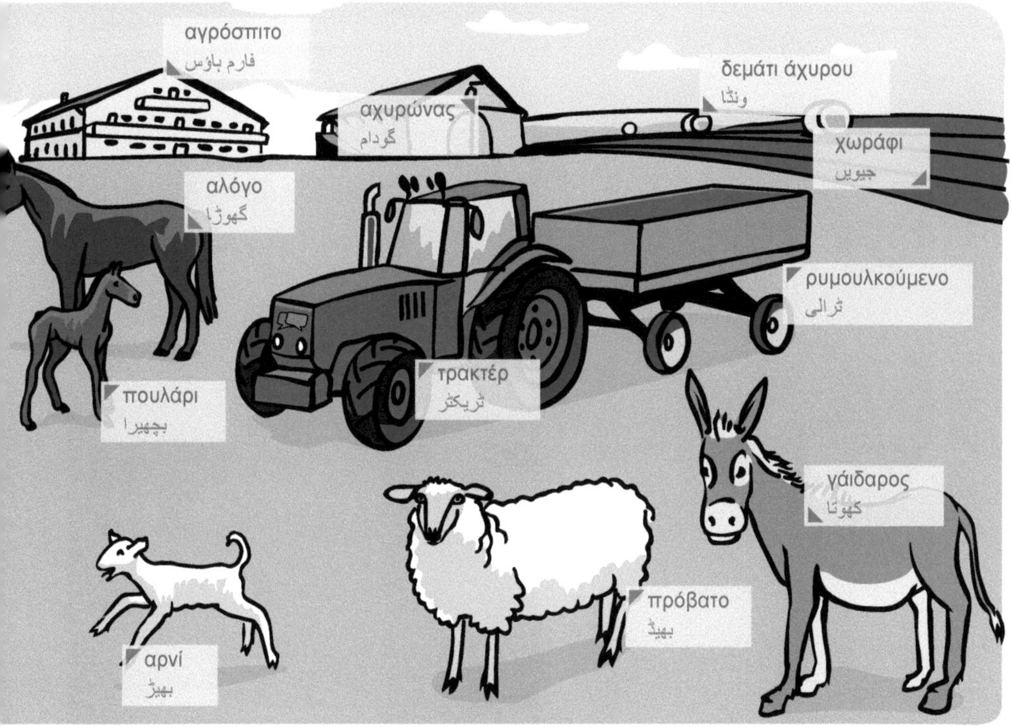

αγρόσπιτο
فارم هاؤس

δεμάτι άχυρου
ونڈا

αχυρώνας
گدام

χωράφι
جیون

αλόγο
گھوڑا

ρυμουλκούμενο
ٹرالی

πουλάρι
بچھیرا

τρακτέρ
ٹریکٹر

γάιδαρος
کھوتا

αρνί
بھیڑ

πρόβατο
بھیڑ

κατσίκα
....
بکری

αγελάδα
....
گائے

μοσχαράκι
....
بچھڑا

γουρούνι
....
سور

γουρουνάκι
....
پگ لیٹ

ταύρος
....
بیل

χήνα

بطخ

πάπια

بطخ

κοτοπουλάκι

چوزہ

κότα

مرغی

κόκορας

مرغا

αρουραίος

چوبا

γάτα

بلی

ποντίκι

چوبا

βόδι

بیل

σκύλος

کتا

σπιτάκι σκύλου

کتے نا کھار

λάστιχο κήπου

لان نا پائپ

ποτιστήρι

پانی نا ڈبی

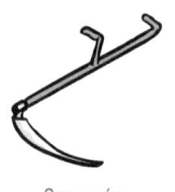

θεριστήρι

درانتی

αλέτρι

ہل

δρεπάνι

درانتی

τσάπα

بو

δίκρανο

ترنگل

τσεκούρι

کوباڑی

χειράμαξα

ریڑھی

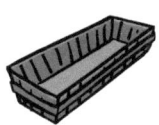

ταΐστρα

ڈونگا

δοχείο γάλακτος

ددھ نا ڈبہ

σάκος

بورا

φράχτης

باڑ

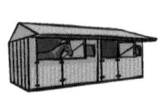

στάβλος

اصطبل

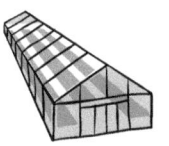

θερμοκήπιο

گرین ہاؤس

έδαφος

مٹی

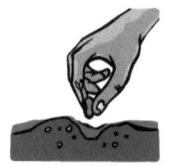

σπόρος

بیج

λίπασμα

کھاد

θεριζοαλωνιστική μηχανή

کمبائن ہارویسٹر

θερίζω

فصل

συγκομιδή

فصل

γιαμς

يامز

σιτάρι

کنک

σόγια

سويا

πατάτα

آلو

καλαμπόκι

مکئی

κράμβη

تلی

οπωροφόρο δέντρο

پهلدار درخت

μανιόκα

کاساوا

δημητριακά

اناج

σπίτι
کهار

καμινάδα
چمنی

στέγη
چهت

υδρορροή
نالی

παράθυρο
کھڑکی

γκαράζ
گیراج

κουδούνι
دروازے نی گھنٹی

πόρτα
دروازه

σκουπιδοτενεκές
کچرا دان

γραμματοκιβώτιο
لیٹر باکس

κήπος
باغ

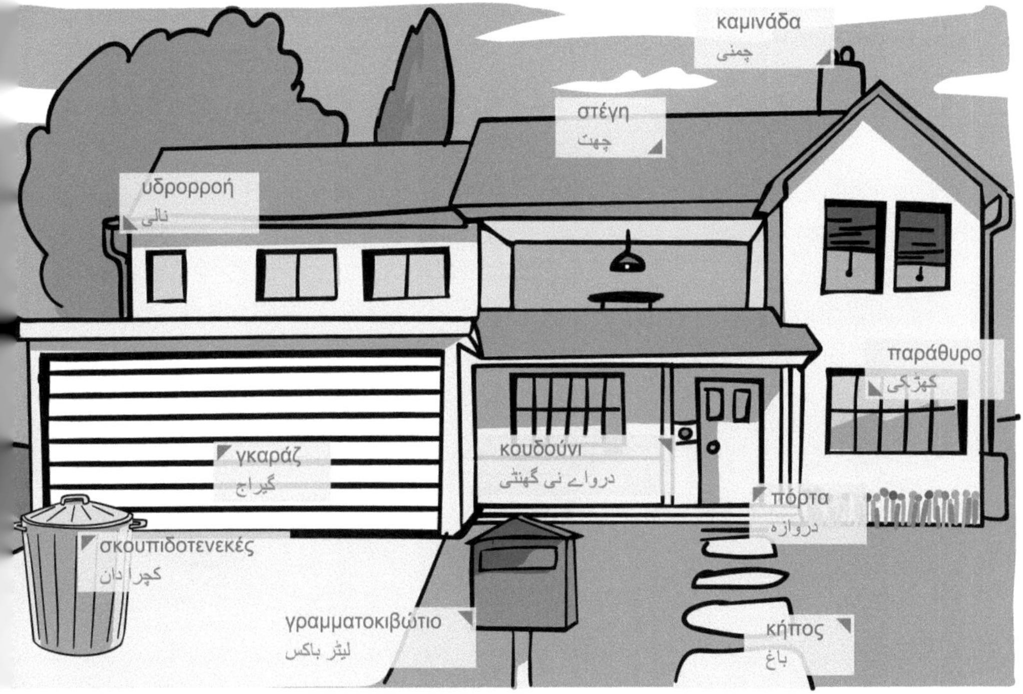

σαλόνι

لونگ روم

μπάνιο

باتھ روم

κουζίνα

باورچہ خانہ

υπνοδωμάτιο

بیڈروم

παιδικό δωμάτιο

بچیاں نا کمرہ

τραπεζαρία

ڈائننگ روم

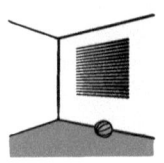

πάτωμα

فرش

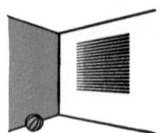

τοίχος

دیوار

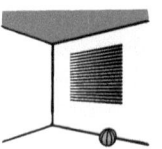

οροφή

چهت

κελάρι

سلبا

σάουνα

سوانا

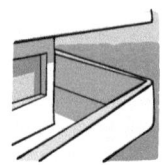

μπαλκόνι

بالکنی

βεράντα

ثیرس

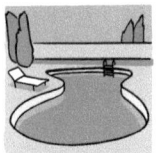

πισίνα

پول

μηχανή του γκαζόν

لان موور

σεντόνι

شیٹ

κάλυμμα κρεβατιού

بیڈ سپریڈ

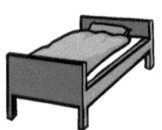

κρεβάτι

بیڈ

σκούπα

جھاڑو

κουβάς

بالٹی

διακόπτης

سونچ

σαλόνι
لونگ روم

ταπετσαρία
وال پیپر
φωτογραφία
تصویر
λάμπα
لیمپ
ράφι
شیلف
ντουλάπι
الماری
τηλεόραση
ٹیلیویژن
τζάκι
آگ دان
λουλούδι
پھل
μαξιλάρι
کشن
καναπές
صوفہ
βάζο
گلدان
τηλεκοντρόλ
ریموٹ کنٹرول

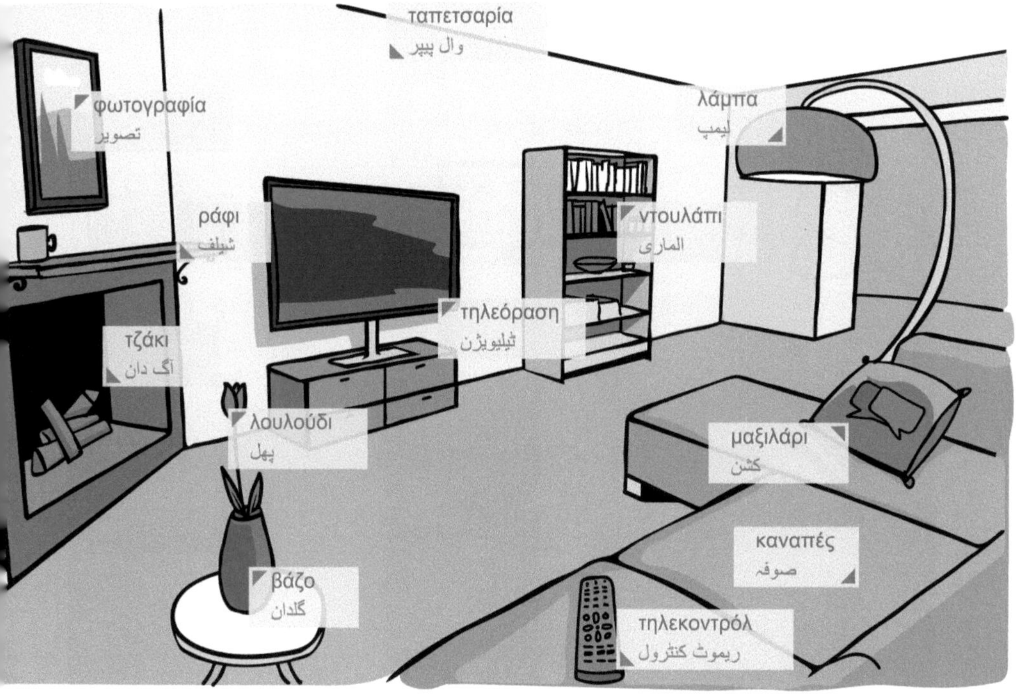

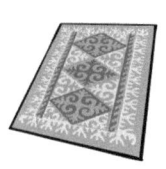

χαλί

قالین

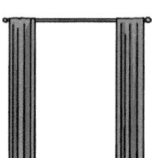

κουρτίνα

پردے

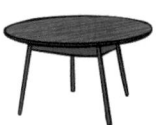

τραπέζι

میز

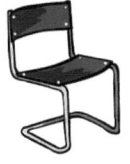

καρέκλα

کرسی

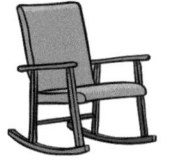

κουνιστή πολυθρόνα

راکنگ چئیر

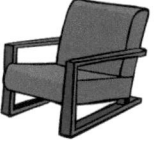

πολυθρόνα

آرم چئیر

βιβλίο

کتاب

κουβέρτα

کمبل

διακόσμηση

ڈیکوریشن

καυσόξυλα

کولے

ταινία

فلم

στερεοφωνικό σύστημα

باٹی فائی آلات

κλειδί

چابی

εφημερίδα

اخبار

πίνακας ζωγραφικής

پینٹنگ

αφίσα

پوسٹر

ραδιόφωνο

ریڈیو

σημειωματάριο

نوٹ پیڈ

ηλεκτρική σκούπα

ہور

κάκτος

کیکٹس

κερί

موم بتی

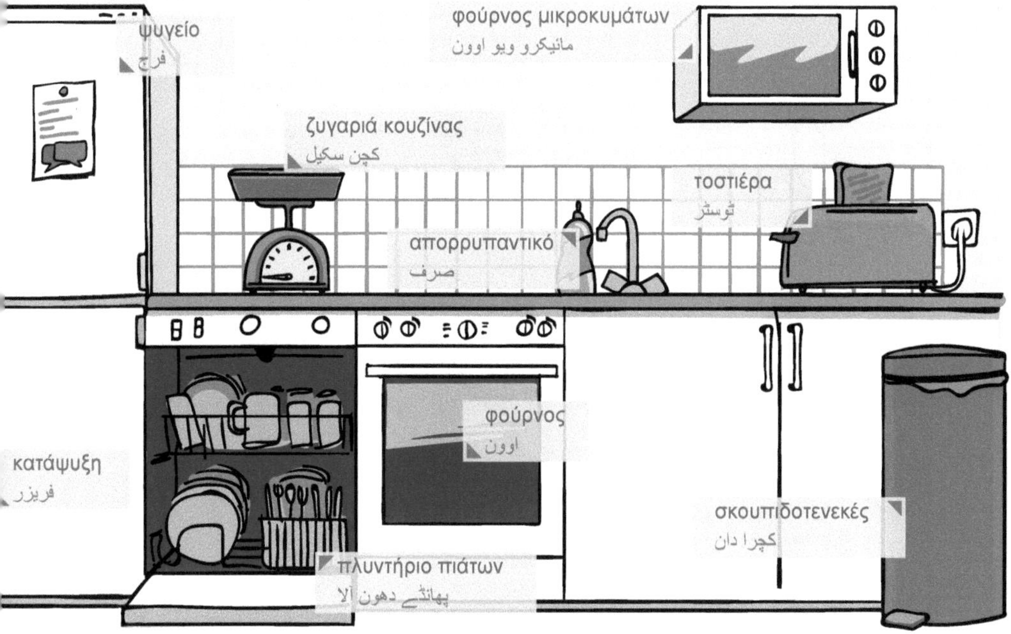

φούρνος μικροκυμάτων
مائیکرو ویو اوون

ψυγείο
فرج

ζυγαριά κουζίνας
کچن سکیل

τοστιέρα
ٹوسٹر

απορρυπαντικό
صرف

φούρνος
اوون

κατάψυξη
فریزر

σκουπιδοτενεκές
کچرا دان

πλυντήριο πιάτων
پہانٹے دھون آلا

κουζίνα

ککر

κατσαρόλα

پاٹ

μαντεμένια κατσαρόλα

کاسٹ آئرن پاٹ

γουόκ/καντάι

ووک / کدانی

τηγάνι

پین

βραστήρας

کیتلی

ατμομάγειρας

سٹیمر

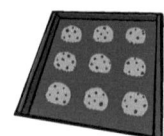

ταψί

بیکنگ ٹرے

πιατικά

پھانٹے

κούπα

مگ

μπολ

پیالہ

ξυλάκια

چوپ سٹکس

κουτάλα

کرچھل

σπάτουλα

اسپالی

ανακατεύω

پھینٹن آلا

σουρωτήρι

چھننا

σουρωτηράκι

چھننی

τρίφτης

جھاون

γουδί

کھان پکان آلا چمچہ

ψησταριά

باربی کیو

ανοιχτή φωτιά

چولہا

σανίδα κοπής

کٹنگ بورڈ

πλάστης

رولنگ پن

ανοιχτήρι φελλών

کارک سکرو

κονσέρβα

کین

ανοιχτήρι κονσέρβας

کین کھولن آلا

γάντι φούρνου

پاٹ پکڑن آلا

νεροχύτης

سنک

βούρτσα

برش

σφουγγάρι

سپنج

μπλέντερ

بلینڈر

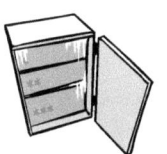

καταψύκτης

ڈیپ فریزر

μπιμπερό

بچے نی بوتل

βρύση

ٹوٹی

μπάνιο

باتھ روم

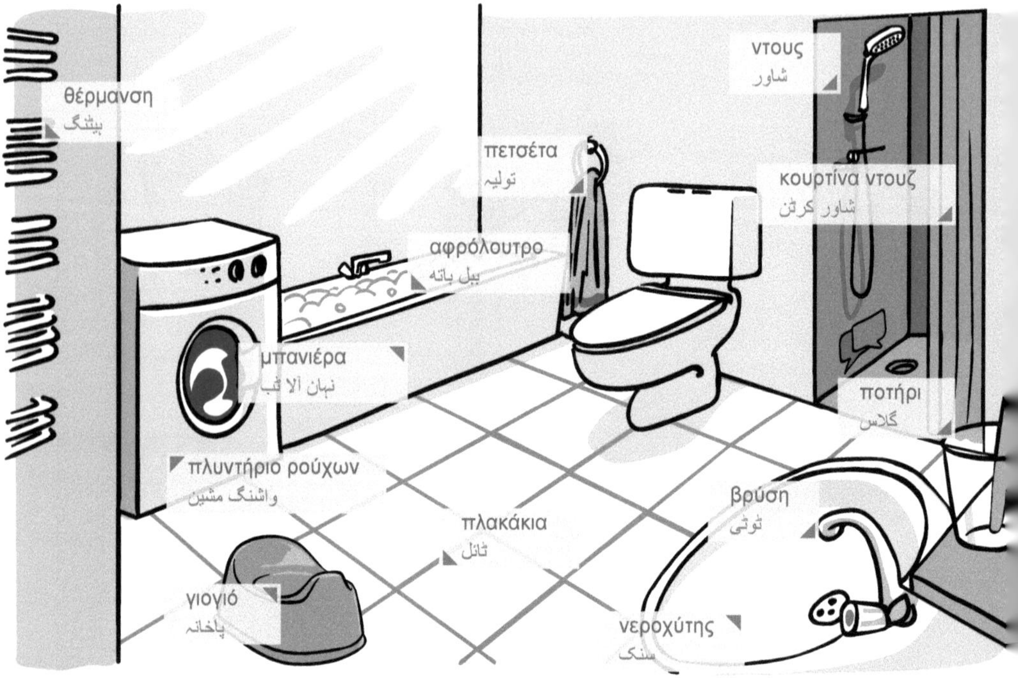

θέρμανση
ہیٹنگ
πετσέτα
تولیہ
ντους
شاور
κουρτίνα ντουζ
شاور کرٹن
αφρόλουτρο
ببل باتھ
μπανιέρα
نہان آلا ٹب
ποτήρι
گلاس
πλυντήριο ρούχων
واشنگ مشین
βρύση
ٹوٹی
πλακάκια
ٹائل
γιογιό
پاخانہ
νεροχύτης
سنک

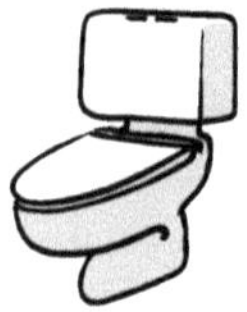

τουαλέτα
ٹوائلٹ

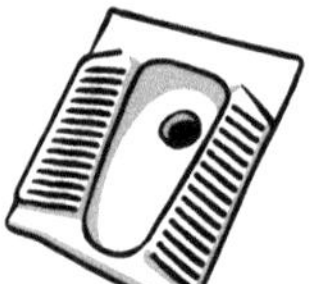

τούρκικη τουαλέτα
ٹوائلٹ

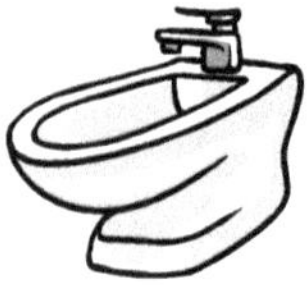

μπιντές
بڈٹ

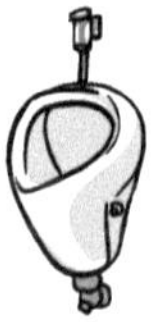

ουρητήριο
پیشاب

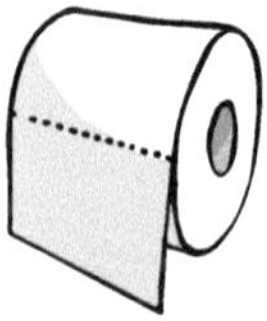

χαρτί υγείας
ٹوائلٹ پیپر

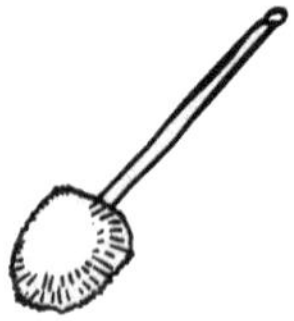

πιγκάλ
ٹوائلٹ برش

οδοντόβουρτσα

ٹوتھ برش

οδοντόκρεμα

ٹوتھ پیسٹ

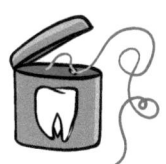

οδοντικό νήμα

ڈینٹل فلاس

πλένω

دھونا

τηλέφωνο ντους

بتھ وچ پھڑن آلا شاور

ντουσιέρα

شاور

λεκάνη

بیسن

βούρτσα πλάτης

بیک برش

σαπούνι

صابن

αφρόλουτρο

شاور جیل

σαμπουάν

شیمپو

φανέλα

فلالین

σιφόνι

نالی

κρέμα

کریم

αποσμητικό

ڈیوڈرنٹ

καθρέφτης

آئینہ

καθρέφτης χειρός

ہاتھ والا شیشہ

ξυραφάκι

استرا

αφρός ξυρίσματος

شیونگ فوم

αφτερσέιβ

آفٹر سیو

χτένα

کنگھا

βούρτσα

برش

σεσουάρ

ہیئر ڈرائر

λακ

ہیئر سپرے

μακιγιάζ

میک اپ

κραγιόν

لپ سٹک

βερνίκι νυχιών

ناخن نی وارنش

βαμβάκι

کاٹن وول

ψαλίδι νυχιών

ناخن کٹر

άρωμα

پرفیوم

νεσεσέρ

واش بيگ

σκαμπό

پاخانه

ζυγαριά

وزن دا پیمانه

μπουρνούζι

باته نی الماری

ελαστικά γάντια

ربر نے دستانہ

ταμπόν

بفر

πετσέτα υγιεινής

تولیہ سٹینڈ

χημική τουαλέτα

کیمیکل ٹوانلٹ

παιδικό δωμάτιο

بچیاں نا کمرہ

ξυπνητήρι
الارم کلاک
λούτρινο ζωάκι
کھڈونے
αυτοκινητάκι
کھڈونا گڈی
κουδουνίστρα
ھڑھڑ
κουκλόσπιτο
گڈی نا کھار
δώρο
تحفہ

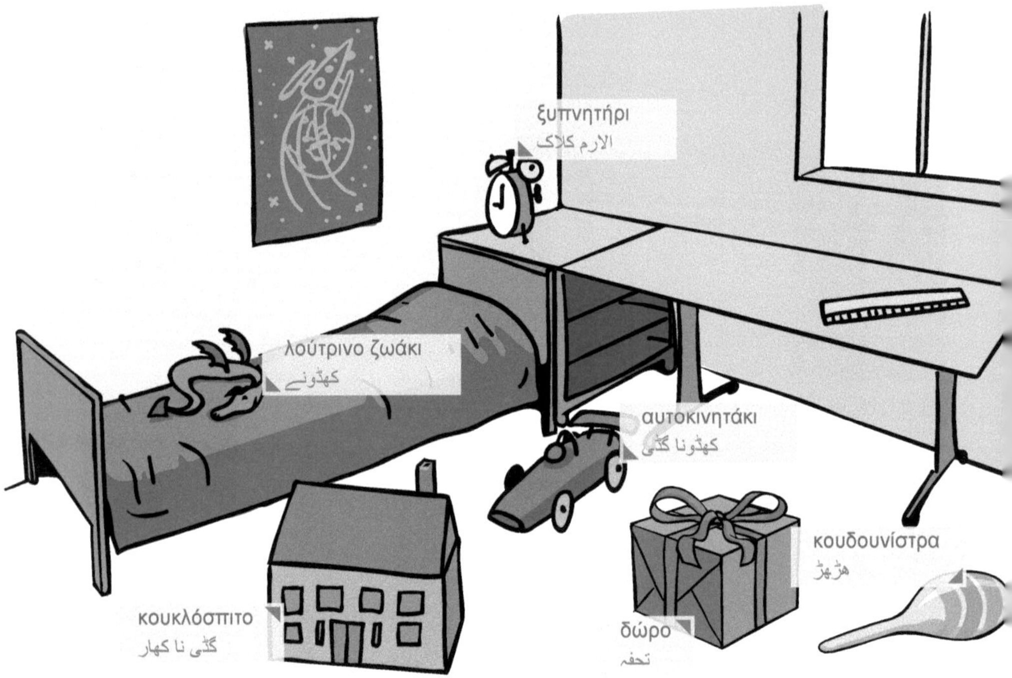

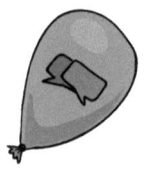

μπαλόνι

پھکانا

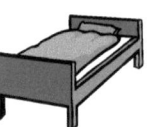

κρεβάτι

بیڈ

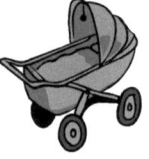

καροτσάκι

پرام

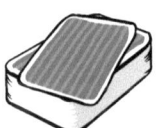

τράπουλα

تاش نے پتے

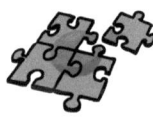

παζλ

جگ سا

κόμικς

کامک

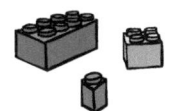

τουβλάκια lego

لیگو بِرکس

τουβλάκια κατασκευών

بلڈنگ بلاکس

φιγούρα δράσης

کھڈونا

βρεφικό φορμάκι

بےبی گرو

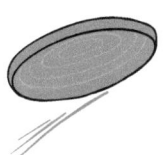

φρίσμπι

فرزوی

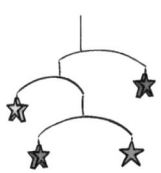

μόμπιλο

موبائل

επιτραπέζιο παιχνίδι

بورڈ گیم

ζάρια

ڈائس

σετ τρενάκι

ماڈل ٹرن سیٹ

πιπίλα

ڈمی

πάρτι

پارٹی

εικονογραφημένο βιβλίο

تصویری کتاب

μπάλα

گیند

κούκλα

گڈی

παίζω

کھیڈنا

σκάμμα με άμμο

سینڈ پٹ

κούνια

جھولا

παιχνίδια

کھلونے

κονσόλα βιντεοπαιχνιδιών

ویڈیو گیم کنسول

τρίκυκλο

تر انی سائیکل

αρκουδάκι

ٹیڈی بئیر

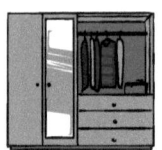

ντουλάπα

الماری

ρούχα

کپڑے

κάλτσες

جرابان

καλτσοδέτες

جرابان

καλσόν

ٹائٹنس

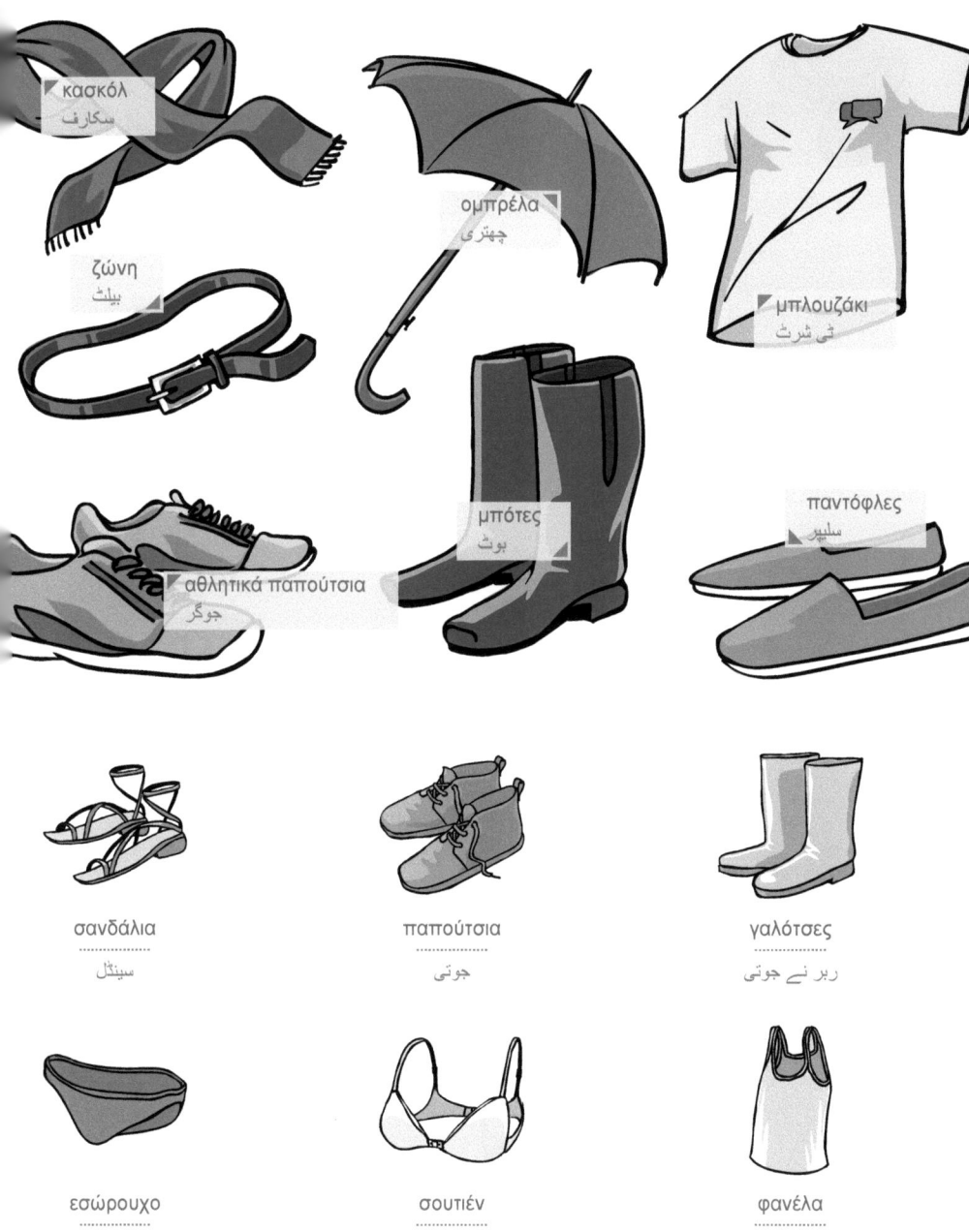

κασκόλ
سکارف

ομπρέλα
چھتری

μπλουζάκι
ٹی شرٹ

ζώνη
بیلٹ

μπότες
بوٹ

παντόφλες
سلیپر

αθλητικά παπούτσια
جوگر

σανδάλια
سینڈل

παπούτσια
جوتی

γαλότσες
ربر نے جوتی

εσώρουχο
انڈر ونیر

σουτιέν
برا

φανέλα
بنیان

ρούχα - کپڑے
45

σώμα

جسم

παντελόνι

پاجامہ

τζιν παντελόνι

جینز

φούστα

سکرٹ

μπλούζα

برا

πουκάμισο

قمیض

πουλόβερ

سوئیٹر

πουλόβερ

بوڈی

σακάκι

کوٹ

μπουφάν

جیکٹ

παλτό

کوٹ

αδιάβροχο πανωφόρι

برساتی

κοστούμι

کاسٹیوم

φόρεμα

کپڑے

νυφικό

شادی نا جوڑا

κοστούμι

سوٹ

νυχτικό

راتے نے کپڑے

πιτζάμες

پاجامہ

σάρι

ساڑھی

μαντήλι

سکارف

τουρμπάνι

پگڑی

μπούρκα

برقعہ

καφτάνι

کفتان

μουσουλμανικό ένδυμα

برقعہ

ολόσωμο μαγιό

نہان والے کپڑے

ανδρικό μαγιό

انڈرونیر

σορτς

نیکر

αθλητική φόρμα

ٹریک سوٹ

ποδιά

دھوتی

γάντια

دستانے

ρούχα - کپڑے

κουμπί

بٹن

γυαλιά

چشمہ

βραχιόλι

بریسلیٹ

περιδέραιο

ہار

δαχτυλίδι

انگوٹھی

σκουλαρίκι

کنڻے

καπέλο

ٹوپی

κρεμάστρα

کوٹ ہینگر

καπέλο

ٹوپی

γραβάτα

ٹائی

φερμουάρ

زپ

κράνος

ہیلمٹ

τιράντες

بریسز

μαθητική στολή

سکول نی وردی

στολή

وردی

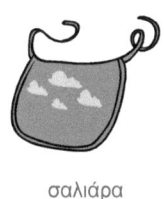

σαλιάρα

بب

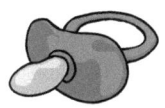

πιπίλα

ڈمی

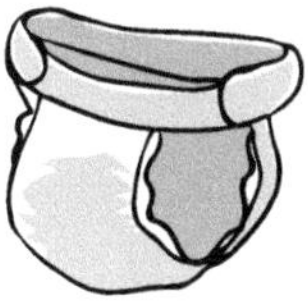

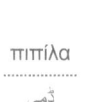

πάνα

ناپی

γραφείο

دفتر

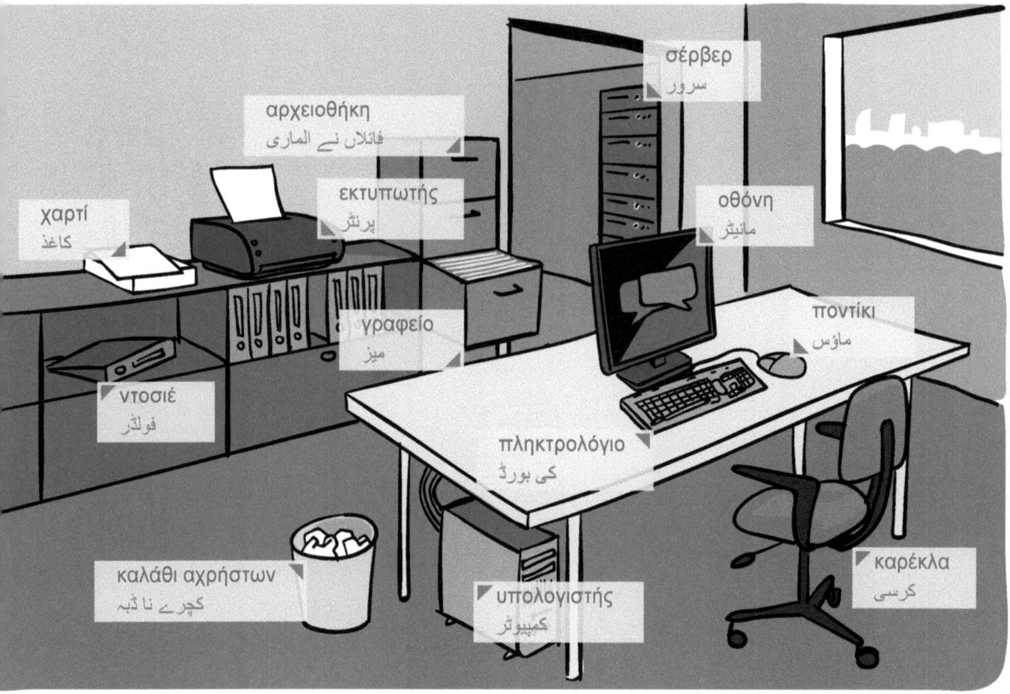

σέρβερ
سرور
αρχειοθήκη
فائلاں نے الماری
εκτυπωτής
پرنٹر
χαρτί
کاغذ
οθόνη
مانیٹر
γραφείο
میز
ποντίκι
ماؤس
ντοσιέ
فولڈر
πληκτρολόγιο
کی بورڈ
καλάθι αχρήστων
کچرے نا ڈبہ
υπολογιστής
کمپیوٹر
καρέκλα
کرسی

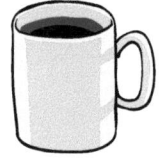

κούπα του καφέ

کافی مگ

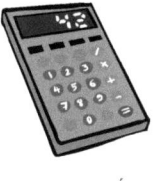

κομπιουτεράκι

کیلکولیٹر

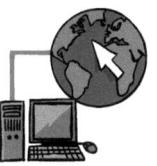

ίντερνετ

انٹرنیٹ

λάπτοπ

لیپ تاپ

γράμμα

خط

μήνυμα

پیغام

κινητό

موبائل

δίκτυο

نیٹ ورک

φωτοτυπικό μηχάνημα

فوٹو کاپیئر

λογισμικό

سافٹ وئیر

τηλέφωνο

ٹیلیفون

πρίζα

پلگ ساکٹ

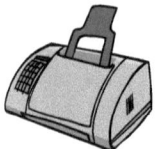

συσκευή φαξ

فکس مشین

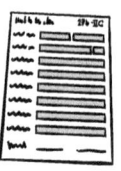

έντυπο

فارم

έγγραφο

دستاویزات

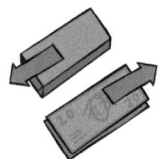

αγοράζω

خریدنا

πληρώνω

ادا کرنا

συναλλάσσομαι

تجارت

χρήματα

پیسہ

δολάριο

ڈالر

ευρώ

یورو

γιεν

ین

ρούβλι

ریل

ελβετικό φράγκο

سویس فرانک

ρενμίνμπι γιουάν

رینمینبی یوان

ρουπία

روپیہ

ΑΤΜ (αυτόματη ταμειακή μηχανή)

کیش پوائنٹ

ανταλλακτήρια
συναλλάγματος

ایکسچینج دفتر

χρυσός

سونا

ασήμι

چاندی

πετρέλαιο

تیل

ενέργεια

توانائی

τιμή

قیمت

συμβόλαιο

معاہدہ

φόρος

ٹیکس

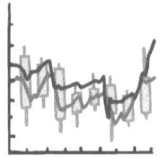

μετοχή

ستاک

δουλεύω

کم

υπάλληλος

ملازم

εργοδότης

أجر

εργοστάσιο

فیکٹری

κατάστημα

بٹّی

αστυνόμος
پلس افسر

πυροσβέστης
اگ بجهان آلا

μάγειρας
کک

γιατρός
ڈاکٹر

πιλότος
پائلٹ

κηπουρός
مالی

ξυλουργός
برهئی

μοδίστρα
درزن

δικαστής
جج

χημικός
کیمسٹ

ηθοποιός
ایکٹر

οδηγός λεωφορείου

بس ڈرائیور

ταξιτζής

ٹیکسی ڈرائیور

ψαράς

مچھیرا

καθαρίστρια

صفائی الی جنانی

τεχνίτης στεγών

روفر

σερβιτόρος

ویٹر

κυνηγός

شکاری

ζωγράφος

پینٹر

αρτοποιός

بیکری الا

ηλεκτρολόγος

الیکٹریشن

οικοδόμος

تعمیرات آلا

μηχανολόγος

انجینیر

κρεοπώλης

قصائی

υδραυλικός

پلمبر

ταχυδρόμος

پوسٹ مین

στρατιώτης

سپاہی

αρχιτέκτονας

آرکیٹیکٹ

ταμίας

کیشینر

ανθοπώλης

پھلاں آلا

κομμωτής

نائی

ελεγκτής εισιτηρίων

کنڈکٹر

μηχανικός

مکینک

καπετάνιος

کپتان

οδοντίατρος

دندان ساز

επιστήμονας

سائنس دان

ραβίνος

ربائی

ιμάμης

امام

μοναχός

رابب

ιερέας

انگریز

εργαλεία
ٹولز

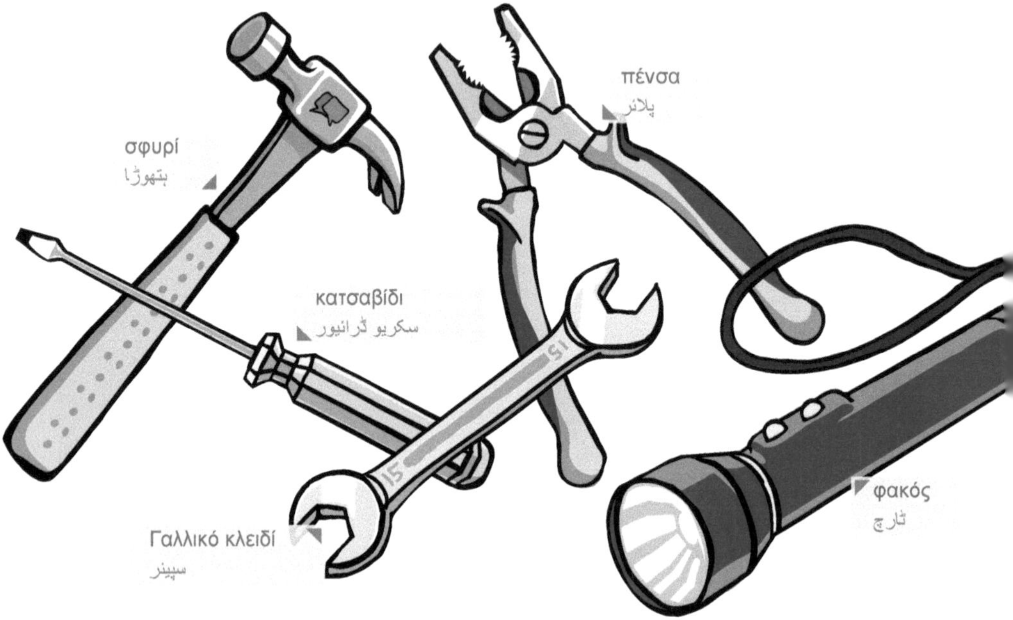
σφυρί
ہتھوڑا
πένσα
پلائر
κατσαβίδι
سکریو ڈرائیور
φακός
ٹارچ
Γαλλικό κλειδί
سپینر

εκσκαφέας
پھاوڑا

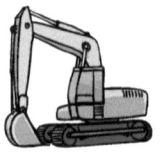

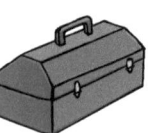

εργαλειοθήκη
ٹول باکس

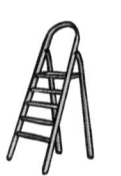

σκάλα
سیڑھی

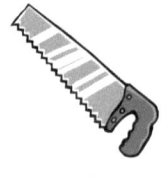

πριόνι
آری

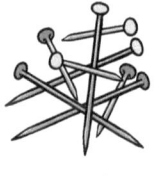

καρφιά
کیل

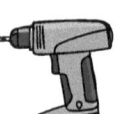

τρυπάνι
ڈرل

επισκευάζω

مرمت

φτυάρι

شاول

Να πάρει!

لعنت!

φαράσι

ٹسٹ پین

δοχείο χρωμάτων

پینٹ پاٹ

βίδες

سکریوز

μουσικά όργανα

موسیقی نے آلات

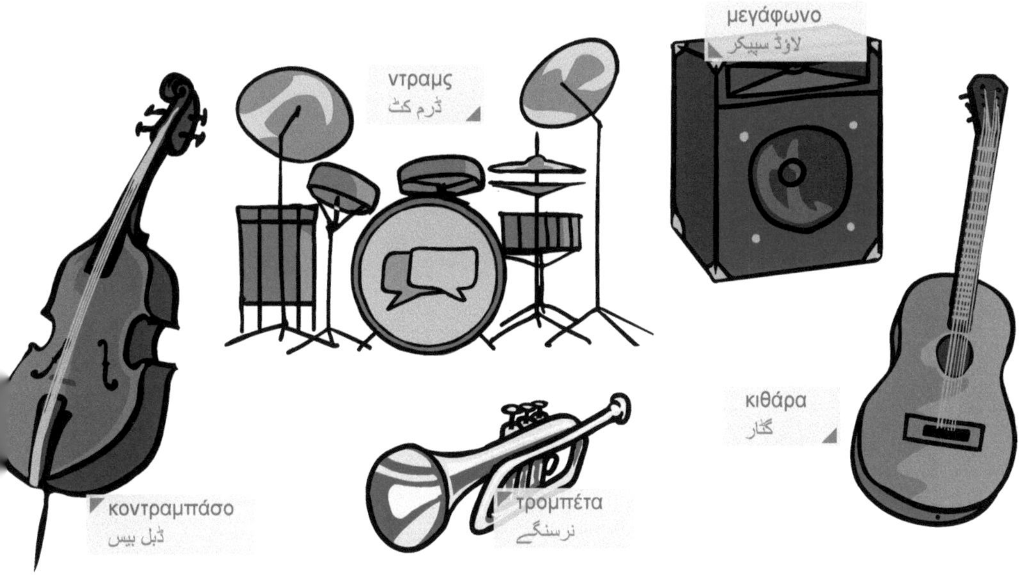

μεγάφωνο
لاؤڈ سپیکر

ντραμς
ڈرم کٹ

κοντραμπάσο
ڈبل پیس

τρομπέτα
نرسنگے

κιθάρα
گٹار

πιάνο

پیانو

βιολί

وائلن

μπάσο

بیس

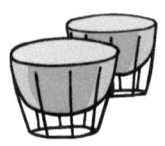

τύμπανα

ٹمپانی

τύμπανο

ڈرمز

πλήκτρα

کی بورڈ

σαξόφωνο

سیگزرو فون

φλάουτο

بانسری

μικρόφωνο

مائیکروفون

ζωολογικός κήπος

چڑیا کھار

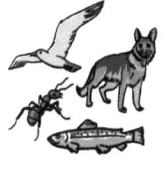

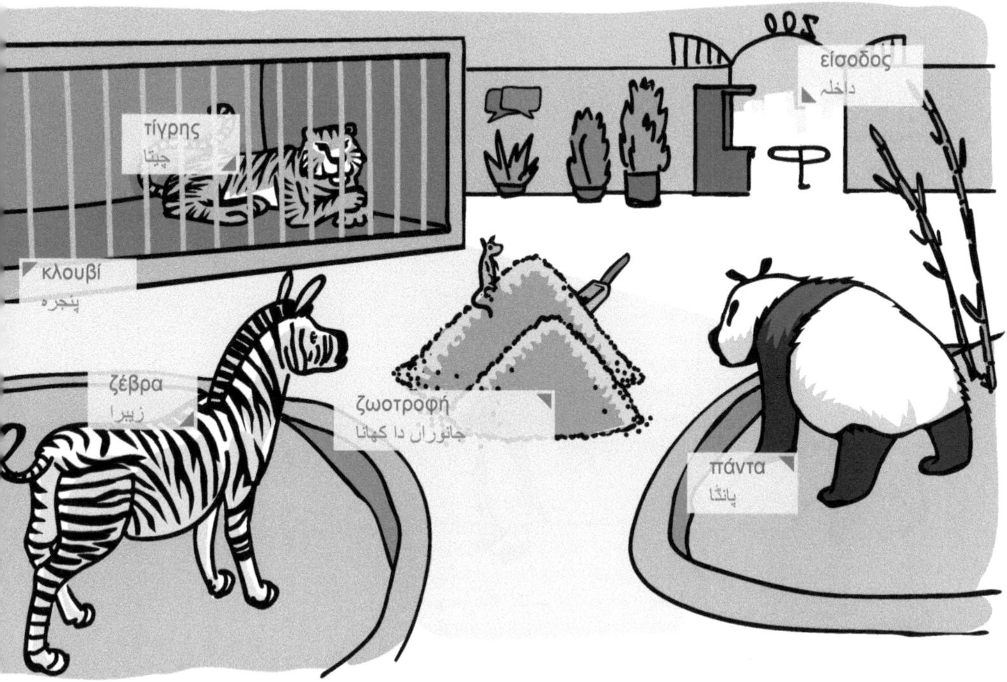

τίγρης
چیتا
είσοδος
داخلہ
κλουβί
پنجرہ
ζέβρα
زیبرا
ζωοτροφή
جانوراں دا کھانا
πάντα
پانڈا

ζώα

جانور

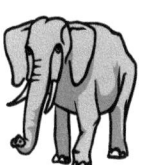

ελέφαντας

ہاتھی

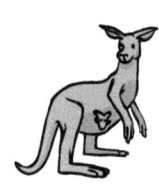

καγκουρό

کینگرو

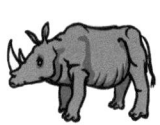

ρινόκερος

گینڈا

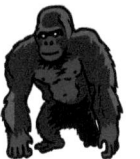

γορίλας

گوریلا

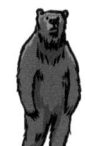

αρκούδα

ریچھ

καμήλα

اونٹ

στρουθοκάμηλος

شترمرغ

λιοντάρι

شیر

πίθηκος

باندر

φλαμίνγκο

فلیمنگو

παπαγάλος

طوطا

πολική αρκούδα

برفانی ریچھ

πιγκουίνος

پینگوئین

καρχαρίας

شارک

παγώνι

مور

φίδι

سپ

κροκόδειλος

مگرمچھ

φύλακας ζωολογικού κήπου

چڑیا گھر دا رکھوالا

φώκια

سیل

τζάγκουαρ

جیگوار

πόνυ

پونی

λεοπάρδαλη

لیپرڈ

ιπποπόταμος

ببو

καμηλοπάρδαλη

زرافہ

αετός

چیل

αγριογούρουνο

نر سور

ψάρι

مچھی

χελώνα

کچھوا

θαλάσσιος ίππος

والرس

αλεπού

لومبڑ

γαζέλα

گیزل

ζωολογικός κήπος - چڑیا کھار

Αμερικάνικο ποδόσφαιρο
امریکن فٹبال

ποδηλασία
سائیکلنگ

αντισφαίριση
ٹینس

μπάσκετ
باسکٹ بال

κολύμβηση
سویّمنگ

πυγχαμία
باکسنگ

χόκεϋ επί πάγου
آئس ہاکی

ποδόσφαιρο
فٹبال

μπάντμιντον
بیڈ منٹن

στίβος
ایتھلیٹکس

χάντμπολ
ہینڈ بال

σκι
سکیینگ

πόλο
پولو

δραστηριότητες

کم

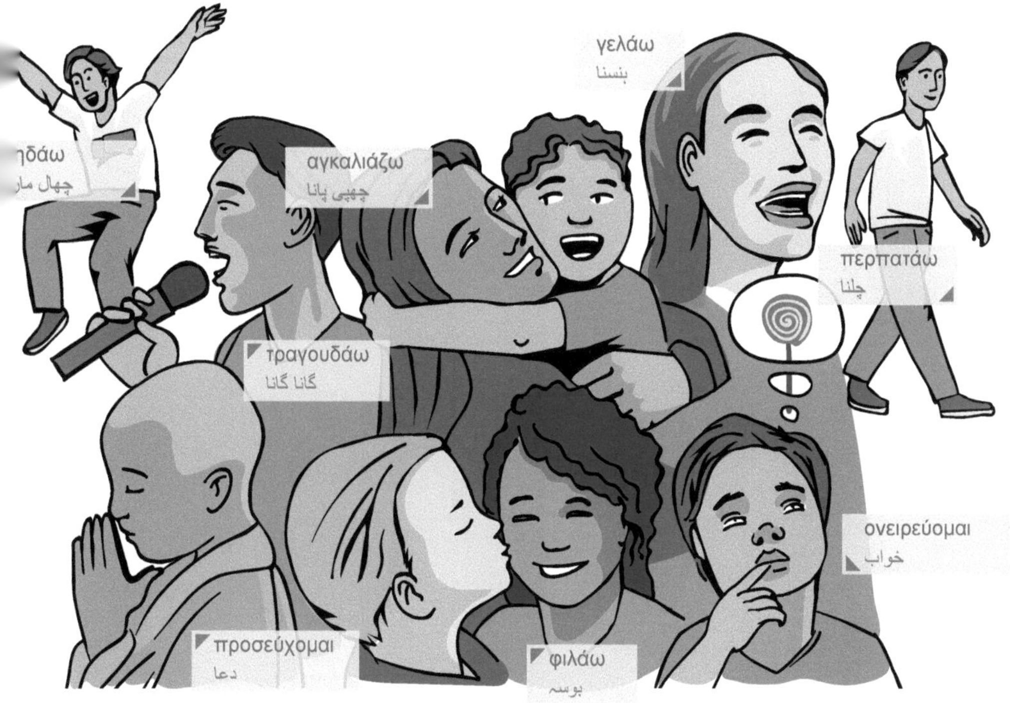

ηδάω
چھال مار
γελάω
بنسنا
αγκαλιάζω
چھپی پانا
περπατάω
چلنا
τραγουδάω
گانا گانا
ονειρεύομαι
خواب
προσεύχομαι
دعا
φιλάω
بوسہ

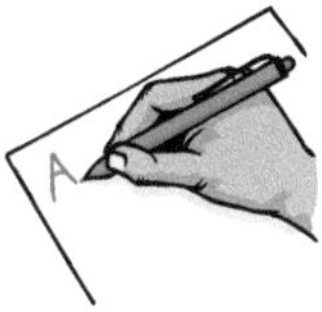

γράφω

لکھنا

σχεδιάζω

لیک لانا

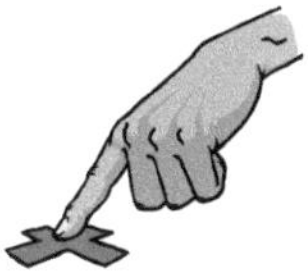

δείχνω

وکھانا

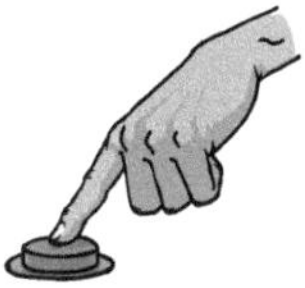

πιέζω

دھکا

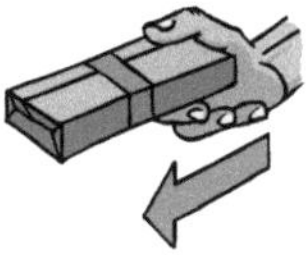

δίνω

دینا

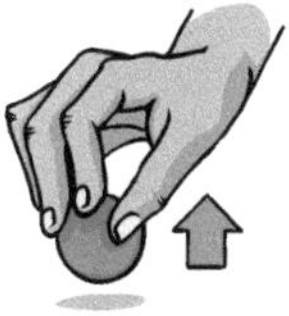

παίρνω

لینا

έχω

بے وے

κάνω

کرنا

είμαι

ہو

στέκομαι

کھلونا

τρέχω

دوڑنا

τραβάω

چھیکنا

ρίχνω

سٹنا

πέφτω

ٹھینا

ξαπλώνω

جھوٹ

περιμένω

انتظار

κουβαλώ

چکنا

κάθομαι

بیٹھنا

φοράω

کپڑے پانا

κοιμάμαι

سونا

ξυπνάω

جاگنا

κοιτάω

ویکھنا

κλαίω

رونا/چلانا

χαϊδεύω

سٹروک

χτενίζω

کنگھا

μιλάω

گل کرنا

καταλαβαίνω

سمجھنا

ρωτάω

پوچھنا/دسنا

ακούω

سننا

πίνω

پینا

τρώω

کھانا

συγυρίζω

تیار ہونا

αγαπάω

محبت

μαγειρεύω

پکانا

οδηγώ

گڈی چلانا

πετάω

اڈنا

κάνω ιστιοπλοΐα

سمندری سفر

υπολογίζω

کیلکولیٹ

διαβάζω

پڑھنا

μαθαίνω

سیکھنا

δουλεύω

کم

παντρεύομαι

شادی

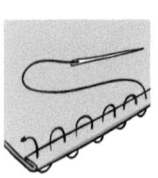

ράβω

سیونا

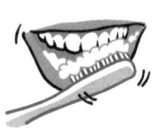

βουρτσίζω τα δόντια

دند صاف

σκοτώνω

قتل

καπνίζω

دھواں

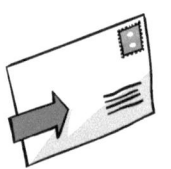

στέλνω

بھیجنا

οικογένεια

کنبہ

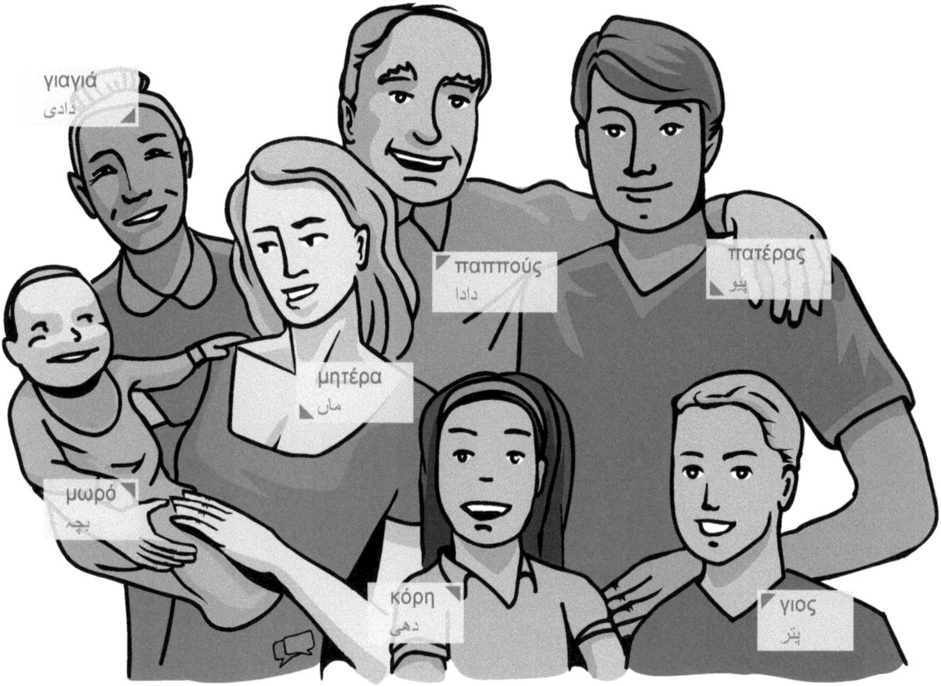
γιαγιά
دادی
παππούς
دادا
πατέρας
پیو
μητέρα
ماں
μωρό
بچہ
κόρη
دھی
γιος
پتر

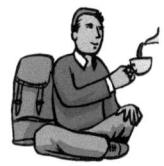

καλεσμένος

مہمان

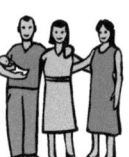

θεία

ماسی / پھو

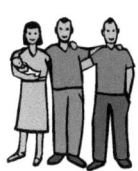

θείος

چاچا/ماما

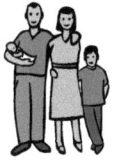

αδελφός

بھرا

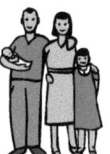

αδελφή

بہن

σώμα

جسم

μέτωπο
متھا
μάτι
اکھ
ώμος
منڈھے
δάχτυλο
انگلی
πρόσωπο
منہ
πιγούνι
ٹھوڑی
χέρι
ہتھ
στήθος
چھاتی
πόδι
لت
βραχίονας
بانہ

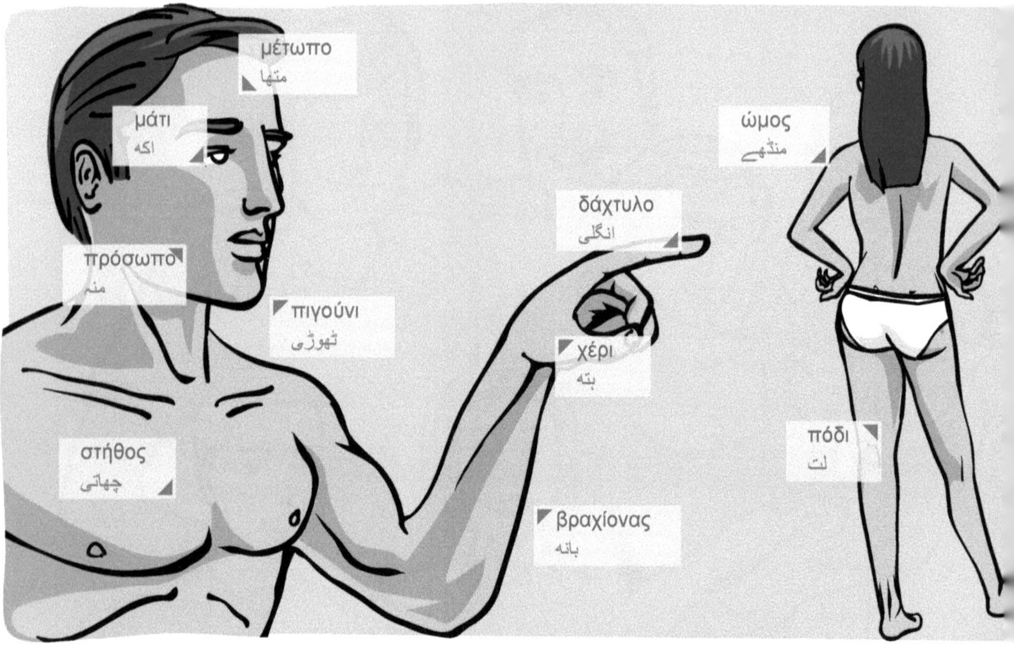

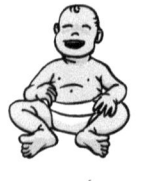

μωρό

بچہ

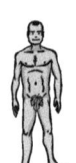

άνδρας

بندہ

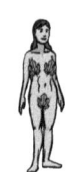

γυναίκα

جنانی

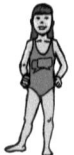

κορίτσι

کڑی

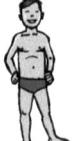

αγόρι

مڑا

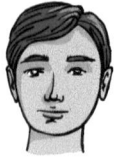

κεφάλι

سر

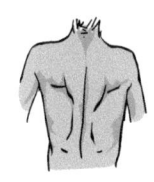

πλάτη

کمر

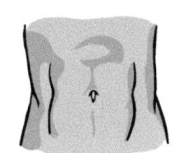

κοιλιά

تہڈ

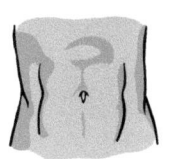

αφαλός

تہنی

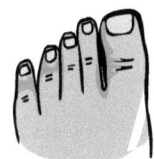

δάχτυλο ποδιού

پنجہ

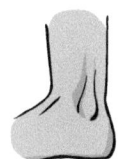

φτέρνα

اڑی

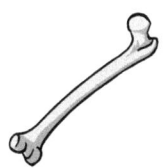

κόκκαλο

ہڈی

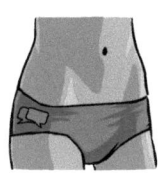

γοφός

کولہے

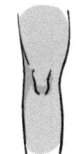

γόνατο

گوڈے

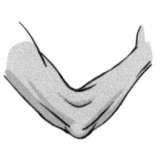

αγκώνας

کہنی

μύτη

ناک

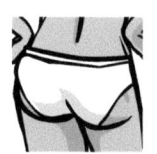

γλουτός

زیر جامہ

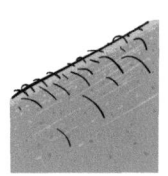

δέρμα

کہل

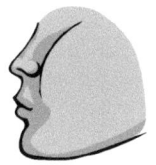

μάγουλο

گلال

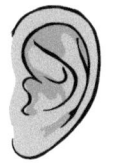

αυτί

کن

χείλος

بل

στόμα

منہ

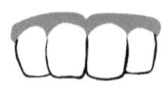

δόντι

دند

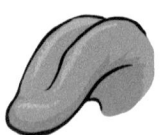

γλώσσα

زبان

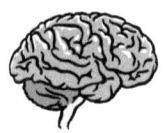

εγκέφαλος

دماغ

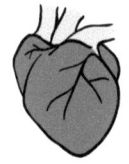

καρδιά

دل

μυς

پٹھے

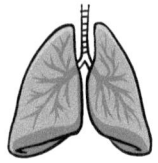

πνεύμονας

پھیپڑے

συκώτι

جگر

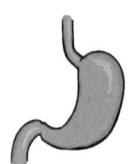

στομάχι

تہدّ

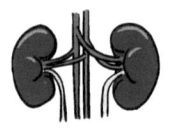

νεφρά

گردے

σεξουαλική επαφή

جنس

προφυλακτικό

کنڈم

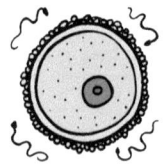

ωάριο

انڈے

σπέρμα

منی

εγκυμοσύνη

حمل

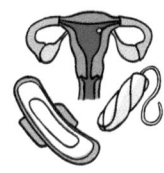

περίοδος

حيض

γυναικείος κόλπος

اندام نهانی

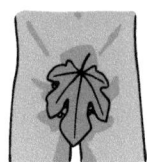

πέος

عضو تناسل

φρύδι

بهوں

μαλλιά

بال

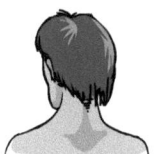

λαιμός

گردن

νοσοκομείο

ہسپتال

νοσοκομείο
ہسپتال
ασθενοφόρο
ایمبولنس
αναπηρικό καροτσάκι
وھیل چئیر
κάταγμα
فریکچر

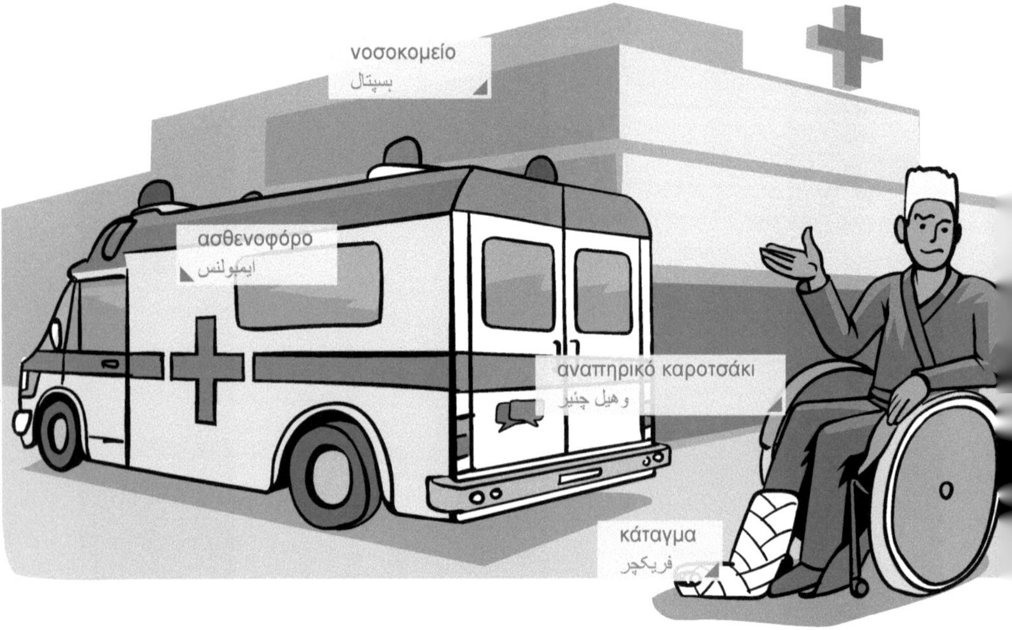

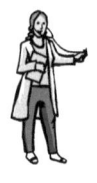

γιατρός

ڈاکٹر

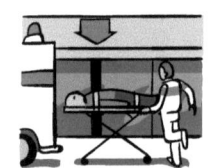

μονάδα εντατικής θεραπείας

ہنگامی کمرہ

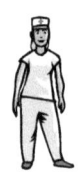

νοσοκόμα

نرس

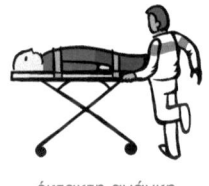

έκτακτη ανάγκη

ایمرجنسی

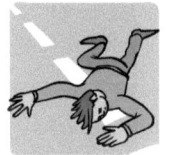

λιπόθυμος

بے ہوش

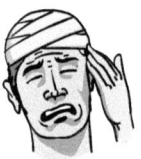

πόνος

درد

τραύμα

سٹ

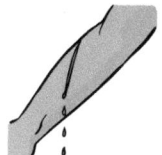

αιμορραγία

خون نکلنا

έμφραγμα

دل نا دوره

εγκεφαλικό

فالج

αλλεργία

الرجی

βήχας

کهنگ

πυρετός

تپ

γρίπη

نزلہ

διάρροια

اسہال

πονοκέφαλος

سر درد

καρκίνος

کینسر

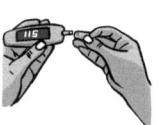

διαβήτης

شوگر(ذیابطس)

χειρουργός

سرجن

νυστέρι

سکیلپل

εγχείρηση

آپریشن

αξονική τομογραφία

سی ٹی

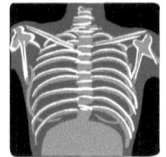

ακτινογραφία

ایکسرے

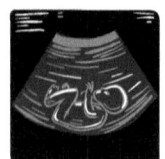

υπέρηχος

الٹرا ساؤنڈ

μάσκα

چہرہ نا ماسک

ασθένεια

بماری

αίθουσα αναμονής

انتظار گاہ

πατερίτσα

بیساکھی

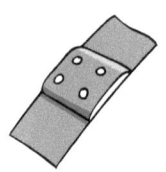

χάνσαπλαστ

پلستر

επίδεσμος

پٹی

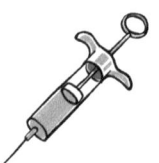

ένεση

ٹیکہ

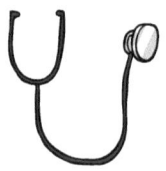

στηθοσκόπιο

سٹیتھوسکوپ

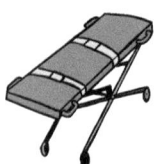

φορείο

اسٹریچر

θερμόμετρο

کلینکل تھرمو میٹر

γέννηση

پیدائش

υπέρβαρο

زائدالوزن

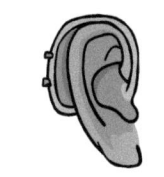

ακουστικό βαρηκοΐας

سنن لنی آله

αντισηπτικό

جراثیمم کش

λοίμωξη

متعدی مرض

ιός

وائرس

HIV/AIDS

HIV/AIDS

φάρμακο

دوائی

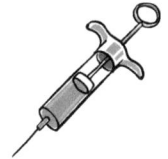

εμβολιασμός

ویکسینیشن

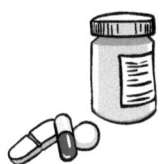

δισκία

گولیاں

χάπι

گولی

κλήση έκτακτης ανάγκης

ہنگامی کال

πιεσόμετρο αίματος

بلڈ پریشر مانیٹر

άρρωστος / υγιής

بیمار / صحتمند

Βοήθεια!

مدد!

συναγερμός

الارم

βιαιοπραγία

حمله

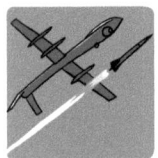

επίθεση

حمله

κίνδυνος

خطره

έξοδος κινδύνου

بنگامى اخراج

Φωτιά!

اگ!

πυροσβεστήρας

اگ بجاهن والا آله

ατύχημα

حادثه

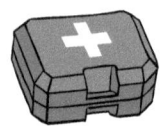

κουτί πρώτων βοηθειών

فرسٹ ایڈ کٹ

SOS

SOS

αστυνομία

پلس

Ευρώπη

یورپ

Βόρεια Αμερική

شمالی امریکہ

Νότια Αμερική

جنوبی امریکہ

Αφρική

افریقہ

Ασία

ایشیاء

Αυστραλία

آسٹریلیا

Ατλαντικός Ωκεανός

اٹلانٹک

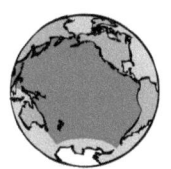

Ειρηνικός Ωκεανός

پیسیفک

Ινδικός Ωκεανός

بحیرہ ہند

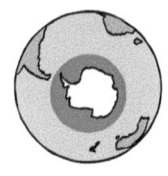

Ανταρκτικός Ωκεανός

بحیرہ انٹارکٹک

Αρκτικός Ωκεανός

بحیرہ آرکٹیک

Βόρειος Πόλος

قطب شمالی

Νότιος Πόλος

قطب جنوبی

Ανταρκτική

انٹارکٹیکا

Γη

زمین

γη

خشکی

θάλασσα

سمندر

νησί

جزیرہ

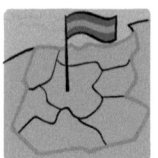

έθνος

قوم

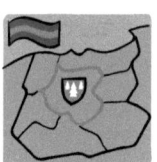

πολιτεία

ریاست

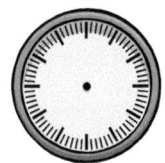

καντράν ρολογιού

کلاک فیس

ωροδείκτης

نکی سونی

λεπτοδείκτης

وڈی سونی

δείκτης δευτερολέπτων

سیکنڈ بینڈ

Τι ώρα είναι;

کی ٹائم ہویا اے؟

ημέρα

دن

χρόνος

وقت

τώρα

ہون

ψηφιακό ρολόι

ڈیجیٹل گھڑی

λεπτό

منٹ

ώρα

گھنٹہ

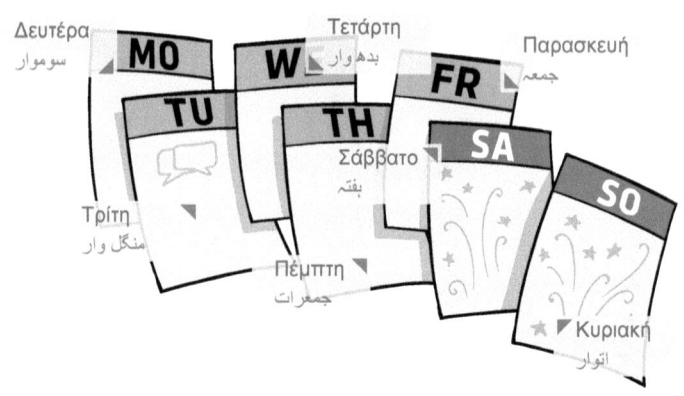

Δευτέρα سوموار MO

Τετάρτη بدھ وار W

Παρασκευή جمعہ FR

TU

TH

Σάββατο بفتہ SA

SO

Τρίτη منگل وار

Πέμπτη جمعرات

Κυριακή اتوار

χθες
....
کل

σήμερα
....
آج

αύριο
....
کل

πρωί
....
سویر

μεσημέρι
....
دوپہر

βράδυ
....
شام

MO	TU	WE	TH	FR	SA	SU
1	2	3	4	5	6	7
8	9	10	11	12	13	14
15	16	17	18	19	20	21
22	23	24	25	26	27	28
29	30	31	1	2	3	4

εργάσιμες ημέρες
....
کاروباری دن

MO	TU	WE	TH	FR	SA	SU
1	2	3	4	5	6	7
8	9	10	11	12	13	14
15	16	17	18	19	20	21
22	23	24	25	26	27	28
29	30	31	1	2	3	4

Σαββατοκύριακο
....
ویک اینڈ

έτος

سال

βροχή
بارش
ουράνιο τόξο
رین بو
άνεμος
ہوا
χιόνι
برف
άνοιξη
بہار
φθινόπωρο
خزاں
καλοκαίρι
گرمی
χειμώνας
سردی

4.APRIL 11°
5.APRIL 4°
6.APRIL 13°
7.APRIL 8°
8.APRIL 10°

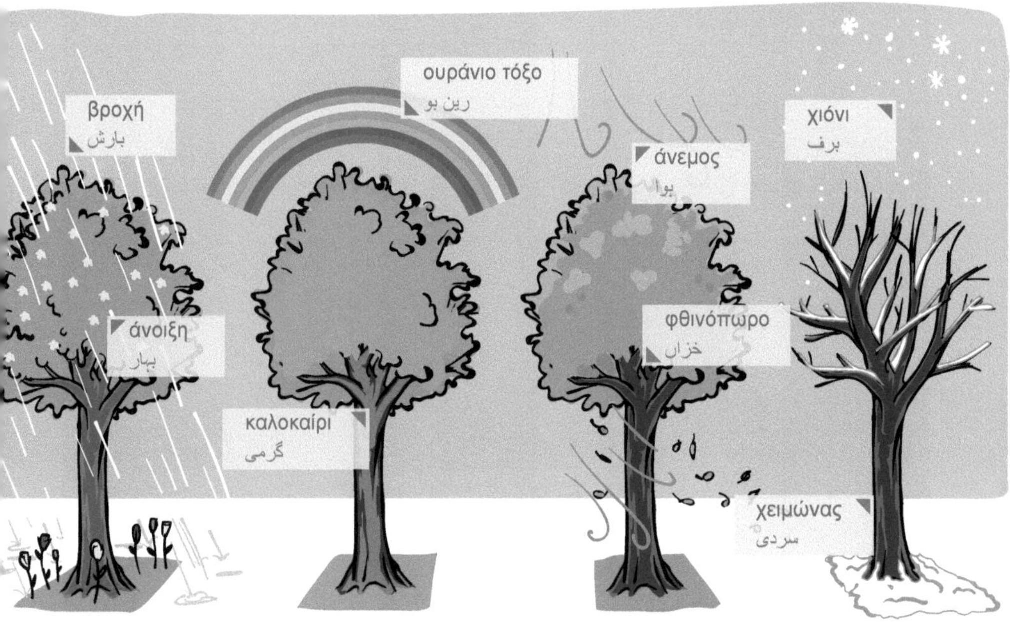

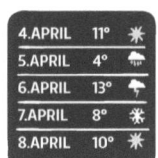

πρόγνωση καιρού

موسمی پیشگوئی

F
C
120
90
60
30
0
-30
40
30
20
10
0
-10
-20

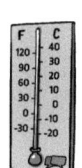

θερμόμετρο

تھرمامیٹر

λιακάδα

سورج نے چمک

σύννεφο

بدل

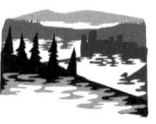

ομίχλη

دھند

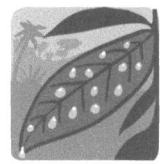

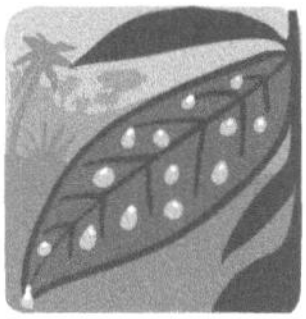

υγρασία

نمی

αστραπή

بجلی کڑکنا

κεραυνός

گرج

καταιγίδα

نهیری

χαλάζι

اولے

μουσώνας

ساون

πλημμύρα

سیلاب

πάγος

برف

Ιανουάριος

جنوری

Φεβρουάριος

فروری

Μάρτιος

مارچ

Απρίλιος

اپریل

Μάιος

منی

Ιούνιος

جون

Ιούλιος

جولائی

Αύγουστος

اگست

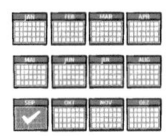

Σεπτέμβριος
....
ستمبر

Οκτώβριος
....
اکتوبر

Νοέμβριος
....
نومبر

Δεκέμβριος
....
دسمبر

σχήματα
شکلاں

κύκλος
....
گول

τετράγωνο
....
چوکور

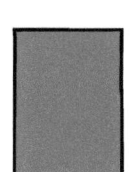

ορθογώνιο
παραλληλόγραμμο
مستطیل

τρίγωνο
....
مثلث

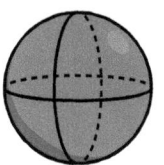

σφαίρα
....
دائرہ نما

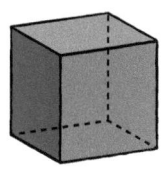

κύβος
....
مکعب

άσπρο

چٹا

κίτρινο

پيلا

πορτοκαλί

نارنجی

ροζ

گلابی

κόκκινο

رتا

μωβ

جامنی

μπλε

نيلا

πράσινο

برا

καφέ

کتهنی

γκρι

سرمئی

μαύρο

کالا

πολύ / λίγο

زیاده / گھٹ

θυμωμένος / ήρεμος

ناراض / پرسکون

όμορφος / άσχημος

خوبصورت / بدصورت

αρχή / τέλος

ابتداء / اختتام

μεγάλος / μικρός

وڈا / نکا

φωτεινός / σκοτεινός

روشن / نهيرا

αδελφός / αδελφή

بهرا / بن

καθαρός / λερωμένος

صاف / گندا

πλήρης / ατελής

مکمل / نا مکمل

ημέρα / νύχτα

دن / رات

νεκρός / ζωντανός

مرده / انده

φαρδύς / στενός

چوڑا / تنگ

βρώσιμος / μη βρώσιμος

خوردنی / ناقابل خوردنی

κακός / ευγενικός

پهيژا / چنگا

ενθουσιασμένος / βαριεστημένος

خوش / ناخوش

παχύς / λεπτός

موٹا / پتلا

πρώτος / τελευταίος

پهلا / أخرى

φίλος / εχθρός

دوست / دشمن

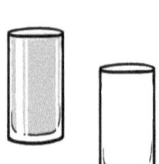

γεμάτος / άδειος

بهريا / خالى

σκληρός / μαλακός

سخت / نرم

βαρύς / ελαφρύς

بهارى / ہلکا

πείνα / δίψα

بهوک / پیاس

άρρωστος / υγιής

بیمار / صحّتمند

παράνομος / νόμιμος

قانونى / غير قانونى

έξυπνος / χαζός

ذٔبین / بیوقوف

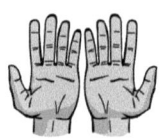

αριστερός / δεξιός

کهبا / سجا

κοντινός / μακρινός

کولے / دور

καινούριος /
μεταχειρισμένος

نواں / پرانا

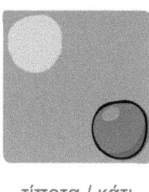

τίποτα / κάτι

کجه نئیں / سب کجه

γέρος | νέος

بڈّها / جوان

αναμμένος / σβηστός

کھولنا / بند کرنا

ανοιχτός / κλειστός

کھولنا / بند کرنا

χαμηλόφωνος /
μεγαλόφωνος

خاموشی / شور

πλούσιος / φτωχός

امیر / غریب

σωστός / λανθασμένος

درست / غلط

τραχύς / λείος

کھردرا / ہموار

πημένος / χαρούμενος

افسرده / خوش

κοντός / μακρύς

نکا / لما

αργός / γρήγορος

آبسته / تیز

υγρός / στεγνός

گیلا / خشک

ζεστός / δροσερός

گرم / ٹھنڈا

πόλεμος / ειρήνη

جنگ / امن

0

μηδέν

صفر

1

ένα

اک

2

δύο

دو

3

τρία

تن

4

τέσσερα

چار

5

πέντε

پنج

6

έξι

چه

7

εφτά

ست

8

οκτώ

اٹه

9

εννιά

نو

10

δέκα

دس

11

έντεκα

یاران

12

δώδεκα

باران

13

δεκατρία

تیران

14

δεκατέσσερα

چودا

15

δεκαπέντε

پندره

16

δεκαέξι

سولہ

17

δεκαεφτά

ستاران

18

δεκαοκτώ

اٹھاران

19

δεκαεννέα

انیہ

20

είκοσι

وی

100

εκατό

سمو

1.000

χίλια

ہزار

1.000.000

εκατομμύριο

ملین

Αγγλικά

انگریزی

Αμερικάνικα Αγγλικά

امریکی انگریزی

Μανδαρίνικα Κινέζικα

چینی مینڈیرین

Χίντι

ہندی

Ισπανικά

سپینش

Γαλλικά

فرینچ

Αραβικά

عربی

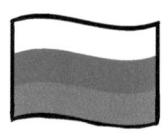

Ρώσικα

رشین

Πορτογαλικά

پرتگالی

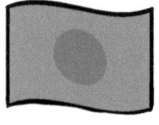

Μπενγκάλι

بنگالی

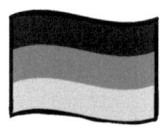

Γερμανικά

جرمن

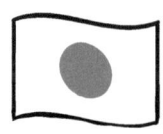

Ιαπωνικά

جاپانی

εγώ

میں

εσύ

توں

αυτός / αυτή / αυτό

وہ/اوہ/ایہہ

εμείς

اسیں

εσείς

توں

αυτοί / αυτές / αυτά

او

ποιος / ποια / ποιο;

کون؟

τι;

کی؟

πώς;

کیوں؟

πού;

کتھے؟

πότε;

کدوں؟

όνομα

نال

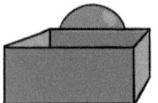

πίσω
بچھے

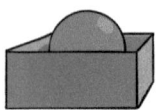

μέσα
وچ

μπροστά
نے سامنے

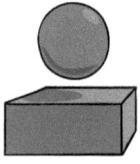

πάνω από
نے

πάνω
نے

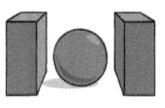

κάτω
پیٹ

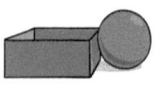

δίπλα
سوا

ανάμεσα
مابین

μέρος
جگہ